# かわいい犬の
# 手作り服

## HAND MADE CLOTHES
## FOR YOUR DEAR DOG

JN038936

# 目 次

# SIZE
# わんこのサイズ一覧表

**1号** 着丈　**20**cm
胴回り　**29**cm
首回り　**18**cm

チワワ

**2号** 着丈　**22**cm
胴回り　**32**cm
首回り　**21**cm

チワワ、
ティーカップ・プードル

**3号** 着丈　**23**cm
胴回り　**36**cm
首回り　**24**cm

ヨークシャー・テリア、
マルチーズ、タイニー・プードル

**4号** 着丈　**25**cm
胴回り　**40**cm
首回り　**27**cm

トイ・プードル、
ジャック・ラッセル・テリア、
ポメラニアン、パピヨン

**6号** 着丈　**29**cm
胴回り　**48**cm
首回り　**35**cm

フレンチ・ブルドッグ、
ボストン・テリア

**7号** 着丈　**31**cm
胴回り　**54**cm
首回り　**36**cm

ミニチュア・シュナウザー、
ミニチュア・プードル

**8号** 着丈　**38**cm
胴回り　**62**cm
首回り　**40**cm

ビーグル、キャバリア・キング・
チャールズ・スパニエル、柴

**11号**

着丈　**48**cm
胴回り　**77**cm
首回り　**48**cm

ラブラドール・レトリーバー、
フラットコーテッド・レトリーバー、
ダルメシアン

**12号**

着丈　**56**cm
胴回り　**82**cm
首回り　**52**cm

ラブラドール・レトリーバー、
フラットコーテッド・レトリーバー、
ゴールデン・レトリーバー

この本では、1号（チワワなどの小型犬）から13号（レトリーバーなどの大型犬）まで（「L」はロング丈）、
15種類のサイズのウエアを掲載しています。ここでは、大まかな犬種の分類と、目安となるボーダーTシャツのサイズを
表記していますが、犬種が同じならば型紙も同じとはかぎりません。
まずはしっかり愛犬のサイズを測って、犬種サイズも参考にしつつ、ちょうどよいサイズを選びましょう。

**4L号**

| 着丈 | **31**cm |
| 胴回り | **40**cm |
| 首回り | **27**cm |

カニーンヘン・ダックスフンド、
シー・ズー

**5号**

| 着丈 | **27**cm |
| 胴回り | **43**cm |
| 首回り | **30**cm |

トイ・プードル、
ジャック・ラッセル・テリア

**5L号**

| 着丈 | **33**cm |
| 胴回り | **43**cm |
| 首回り | **30**cm |

ミニチュア・ダックスフンド、
シー・ズー

**9号**

| 着丈 | **41**cm |
| 胴回り | **66**cm |
| 首回り | **43**cm |

シェットランド・シープドッグ、
柴

**10号**

| 着丈 | **44**cm |
| 胴回り | **72**cm |
| 首回り | **45**cm |

ボーダー・コリー、
イングリッシュ・スプリンガー・
スパニエル

**13号**

| 着丈 | **66**cm |
| 胴回り | **88**cm |
| 首回り | **54**cm |

ラブラドール・レトリーバー、
ゴールデン・レトリーバー、
シベリアン・ハスキー

採寸の方法は
40ページを
参照してください。

HOW TO MAKE ／ p.42
生地／J&B、生地のお店プロート

ティーカップ・プードルとタイニー・プードルは正式な犬種ではありません。

**A-1**

そでは折り返しても
かわいいよ

**MODEL** ／ A-1:6号　A-2:2号　A-3:13号
**HOW TO MAKE** ／ p.44

## カレッジパーカ

ビビッドなパイピングをアクセントにして、
背中にワッペンをつけたロゴ入りのパーカ。
好みのアルファベットを選べんで、うちのわんこオリジナルに。

生地／新宿オカダヤ　ワッペン／おともだちの広場

**A-2**

A-3

# B

MODEL ／ B-1:4号　B-2:6号
HOW TO MAKE ／ p.46

## えりつきシャツ

白いえりとカフスがポイントのクレリックシャツスタイル。
胸元にボタンをつけたらおすまし顔になっちゃいます。フォーマルにもぴったり。

生地／新宿オカダヤ

**B-1**

ふわ～ぁ
はやくお散歩に行こうよ

B-2

# C

**MODEL** ／C-1:1号　C-2:2号
**HOW TO MAKE** ／p.48

## ノースリーブワンピース

刺しゅう入りコットン地とレースのアンダースカートが爽やかなワンピース。
わきの面ファスナーと肩ひもで身ごろをつなぐデザインなので
着脱がとても簡単です。

生地／新宿オカダヤ

後ろ姿も
キュートでしょ

C-1

10

おしゃれして
おでかけなの

C-2

# D

MODEL ／D-1:3号　D-2:6号　D-3:7号　D-4:5号
HOW TO MAKE ／p.50

## フリルカットソー

フードつきのカジュアルなウエアは思いっきりカラフルな柄がよく似合います。
顔まわりとすそにフリルをつけてかわいらしさをアップ。

生地／生地プリント工場 Desing Fabric

D-1

**D-2**

HEY!

**D-3**

**D-4**

# E

MODEL ／E-1:5号L　E-2:1号　E-3:1号
HOW TO MAKE ／p.52

## ゆかた

夏の夕涼みタイムはゆかたでお散歩しましょう。
涼しげなリップル地を使い、
華やかなリボン結びの帯をつけました。
夏祭りやフェスでも人気者になること間違いなし。

生地／ほのぼの te-ami

たまや〜

かぎや〜

E-1

てけてけ…

祭りじゃ
祭りじゃ

E-2

E-3

15

ねぇねぇ、いっしょに遊ぼうよ

F-1

F-2

# F

MODEL ／5号
HOW TO MAKE ／p.51

## タートルニット

風が冷たく感じる季節になったら、首を包む
タートルタイプのカットソーの出番です。
ニット柄の生地で見た目もあたたかそう。

生地／ペルル

# G

MODEL ／5号
HOW TO MAKE ／p.54

## パイロット帽子

大空を駆け回る飛行機乗りがかぶるクラシックなタイプのパイロット帽子。
防寒になるうえ、クールに変身できるおしゃれアイテムです。

生地／新宿オカダヤ

RAGER!

OVER!

G-1

G-2

コートは作品ではありません。　**17**

# H

MODEL ／H-1:11号　H-2:7号　H-3:3号　H-4:3号
HOW TO MAKE ／p.55

## ノースリーブカットソー

伸縮性のあるスムース生地のシンプルなカットソー。
カラーパイピングをアクセントにしました。
お気に入りの布で何枚も作っておけば毎日大活躍するアイテムです。

生地／ベル、maffon

**H-2**

**H-4**

RUN!

RUN!

**H-3**

YEAAAAH~~

JUMP!

JUMP!

19

**I-2**

# レインコート

〰〰〰〰〰〰〰〰

雨の日だってお散歩はかかせません。
軽くて動きやすいナイロン生地の
フードつきコートはそんな日の必需品
ビビッドカラーを選べば、暗い道でも目立つので安心安全。

雨でも
へっちゃらだよ

**I-1**

背中のポケットに小さくた
たんでしまえるから持ち運
びにも便利。

# J

MODEL ／2号
HOW TO MAKE ／p.58

## キルティングベスト

ダウン風のリバーシブルで着られるベストです。
スポーティーなアイテムですが、しなやかなローン地の
リバティプリントをキルティング地に仕立てたので着心地も満点。

生地／ホビーラホビーレ

裏布に撥水加工の生地を
使うと、急な雨にも対応で
きます。

**J-2**

**J-1**

# K

MODEL ／4号L
HOW TO MAKE ／p.60

## G ジャン

ボア生地とデニムの異素材コラボで作った
あたたかなGジャンです。
チャームポイントは大きめのワッペン。
ドッグランでもうちの子がすぐにわかります。

生地／新宿オカダヤ

**K-2**

**K-1**

ボク、かっこいい？

# L

MODEL ／L-1:7号　L-2:7号
HOW TO MAKE ／p.62

# ダッフルコート

寒い季節のおでかけに欠かせないコート。
なめらかでやわらかい布地を選んだので体にフィットして、とってもあたたか。
背中のトッグルボタンでダッフルコート風に仕上げました。

生地／maffon

L-1

L-2

MERRY CHRISTMAS ☆

M-1

# M

MODEL ／5号
HOW TO MAKE ／ p.64

## サンタウエア

クリスマスにかわいいサンタが我が家に来てくれました！
パステルカラーのフリース生地でフードのポンポンとポケット、
縁どりのボアがチャームポイントです。

生地／新宿オカダヤ

M-2　　M-3

# N

**MODEL** ／12号
**HOW TO MAKE** ／p.59

## ミニマフラー

寒がりのわんこには首にマフラーを巻くだけであたたかさアップ。
クリスマスカラーならイベント感もアップ。
飼い主とのおそろいも楽しめますね。

生地／新宿オカダヤ

N-1

N-2

**O**

MODEL ／ O-1：3号　O-2：9号
HOW TO MAKE ／ p.66

# ドレス

晴れの日のパーティードレスは、
レースを重ねたスカートと背中の大きなリボンで豪華に。
首元とリボンにはパールで高級感もプラス。
パーティーの主役になりますね。

生地／新宿オカダヤ

**O-1**

これから
パーティーに
行くのよ♡

O-2

27

# P

MODEL ／ 7号
HOW TO MAKE ／ p.65

## パーティーバンダナ

胸元にくるっとつけるだけで、
ダンディーなタキシード姿にぱっと変身。
蝶ネクタイがクール！いつもやんちゃなわんこもおすまししちゃいます。

エスコートは、
ボクにまかせて！

# Q

MODEL ／3号
HOW TO MAKE ／p.68

## バースデーバンダナ & 帽子

〰〰〰〰〰〰〰〰〰〰〰〰

大人気の記念日アイテム、バースデーバンダナと帽子。
本日の主役にはキュートな三角帽子もかぶせてあげて。
写真映えも抜群！ SNSで自慢しちゃおう。

ワッペン／おともだちの広場

わんこも食べられる
ケーキでお祝い

GOOD DAY ♪

HAPPY ♪

# R

MODEL ／1号
HOW TO MAKE ／p.69

## とんがりキャップ
∨∨∨∨∨∨∨∨∨∨∨∨∨∨∨∨

かぶった姿がかわいいと人気のとんがりキャップ。
パイピングとリボン、首元のポンポンでラブリー感を盛りました。
兄弟やお友達とみんなで記念写真もいいですね。

生地／新宿オカダヤ

GYU GYU

R-1

WAI WAI

R-2

セーターは作品ではありません。

**S**

MODEL ／S-1:5号　S-2:5号
HOW TO MAKE ／p.70

# どうぶつケープ

人気の耳つき変身ケープ。ふわふわボアの茶色はくま、
ピンクはうさぎの衣装です。

生地／新宿オカダヤ、ホビーラホビーレ

S-1

S-2

# T

MODEL ／1号
HOW TO MAKE ／p.72

## マナーパンツ

ドッグカフェにお出かけするときの必須アイテムです。
フリルつきのかわいい後ろ姿が印象的。
着用に慣れていない子なら、おうちで慣らしてから出かけましょう。

生地／新宿オカダヤ

## FOR GIRLS

カフェでも
安心だね

# U

MODEL ／5号
HOW TO MAKE ／p.74

## マナーベルト

男の子用のマナーベルト。パンツよりもシンプルなタイプで、
内側にシートを装着して、マーキングを防止します。

生地／新宿オカダヤ

**V**

MODEL ／8号
HOW TO MAKE ／p.71

# クールバンダナ

夏のお出かけに便利なクールバンダナ。
内ポケットに保冷剤を入れて
お散歩中も冷んやりと過ごせます。

生地／新宿オカダヤ

〈裏側〉

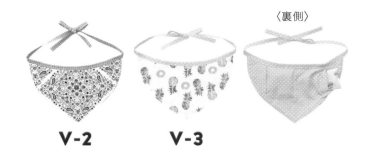

**V-2**　　　**V-3**

**V-1**

どうかな？
似合ってる？

**W-2**

**W-1**

# W

MODEL ／7号
HOW TO MAKE ／p.76

## ハーネス
〰〰〰〰〰〰

チェックのベストと一体型のハーネス。
動きやすいうえ、ボディをしっかりホールドできるので
安心です。

さあ公園に
行きますよ〜

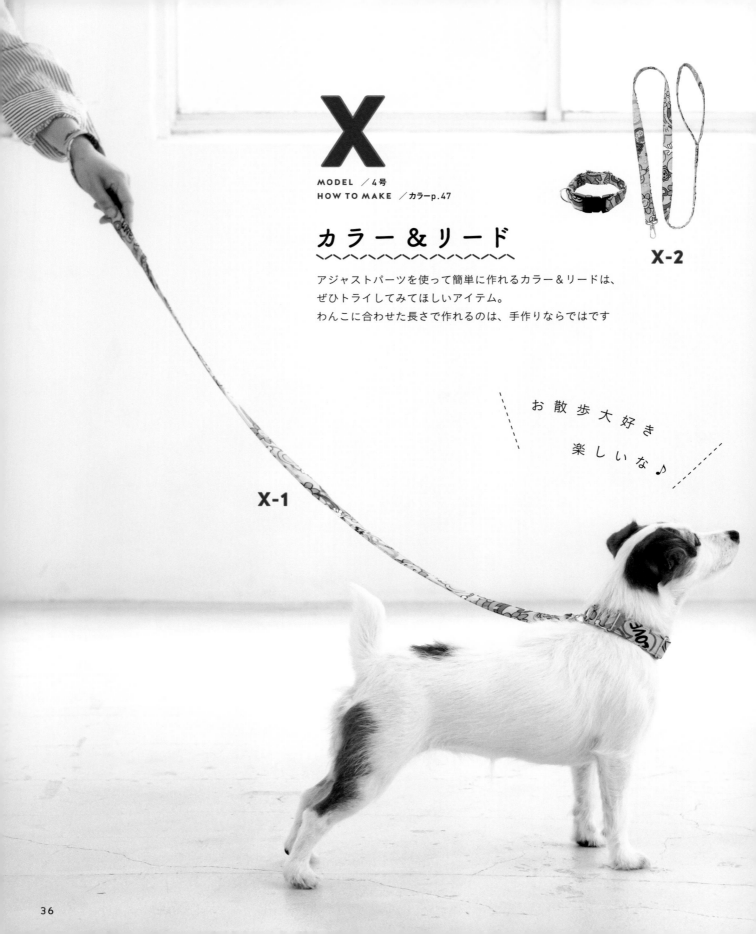

# X

MODEL ／4号
HOW TO MAKE ／カラーp.47

## カラー＆リード

アジャストパーツを使って簡単に作れるカラー＆リードは、
ぜひトライしてみてほしいアイテム。
わんこに合わせた長さで作れるのは、手作りならではです

X-2

X-1

お 散 歩 大 好 き
楽 し い な ♪

たたんだ「まち」で
たくさん入るよ

**Y-1**

**Y-2**

# Y

HOW TO MAKE ／ Y-1、Y-2 p.75　Y-3、Y-4 p.63

## シートポーチ＆フードポーチ

ウェットティッシュやフードを持ち歩くのに便利なポーチです。
ラミネート加工の生地なので、汚れてもさっとひと拭きすれば大丈夫。
バッグの持ち手やカートのハンドルにも着けられるよう、
ナスカンで着脱できるストラップがついています。

Y-3、Y-4 生地／Kippis®(ツクリエ)

**Y-3**

**Y-4**

# Z カートアイテム
## バッグ & ボトルケース

おでかけが楽しく便利になるアイテムをセットにしました。
ブランケットやタオル、おもちゃまで入る大きめの
斜めがけバッグと、面ファスナーでカートのハンドルに
簡単装着できるボトルケースです。

生地／Kippis®（ツクリエ）

Z-3

Z-1

Z-2

Z-4

準備OK!
LET'S GO!

# 犬の服　基本の作り方

サイズの測り方や型紙の裁ち方など、ぬい始めるまでの準備と
覚えておきたいぬい方の基礎を解説します。まずはここに目を通しておきましょう。

## 1 ソーイング基本の情報

　同じ犬種でも体の大きさ（サイズ）は異なります。着やすい服を作るために、型紙作りに必要な、胴回り、首回り、着丈などの採寸をしましょう。愛犬が元気で機嫌のよいときに、水平に立たせてメジャーで測ります。採寸の基本はぴったりと測らずに、服を着た時のイメージで、ゆとりをつけて測ること。

　伸びない布地（コットン生地など）で作る場合は、運動量を考えて、さらにゆとりを持って測ります.

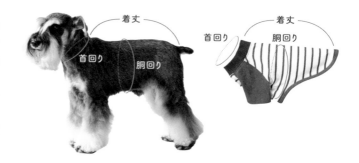

## 2 材料をそろえます

　生地はできれば必要量より多めに用意します。記載の幅より狭い生地を使う場合は、さらに多めに用意します。ミシンの針は9番（薄手生地）、~11番（普通地、厚手生地）を使用し、糸は60番ミシン糸を使用しています。作品は、伸縮性のある生地でも普通地と同じ針と糸でぬっています。

| 材料 | 生地の種類 | 柄 | 素材メーカー名 |
|---|---|---|---|
| | 綿ジャージー生地（ボーダー柄）– 裁ち方図参照 | | [生地のお店プロート] |
| | 綿ジャージー生地（無地）———— 裁ち方図参照 | | [J&B] |
| | リブ生地（無地）————————— 裁ち方図参照 | | [J&B] |

## 3 型紙を作る

　作りたい服のデザインによって、使用する型紙の形が変わります。本書では、A型、B型の2種類の型紙で紹介しています。作り方ページに型紙の種類がのっていますので、使用する型をチェックしてください。

 **A型** そでなし　　 **B型** そでつき

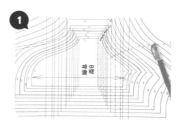

［型紙の見方］

**実物大型紙が載っている場所**

| 型紙 | | 型紙の種類 |
|---|---|---|
| 種類 —————————————— | | B型 |
| 実物大型紙 | | |
| B面 ————————————————— | | 背側、胸側、ラグランそで、えり |

パイピングは裁ち方図を参照し、直に線を引いて裁つ

必要な型紙

背側　わ　　ラグランそで　胸側　わ　　えり　わ

［型紙の作り方］

**①**

付録の実物大型紙は複数のサイズの線が交差している。作りたいサイズの線をマーカーなどでなぞっておくと写しやすい。

**②**

ハトロン紙を**①**の実物大型紙の上にのせ、線を写す。合印、布目線などの記号も写す。

**③**

型紙をカットする。背側、胸側など、作品に必要な型紙をチェックして、すべての型紙を作る。

# 4 生地を裁つ

作った型紙で生地を裁ちます。作り方ページにある裁ち方図を確認し、型紙の布目線の矢印と、生地のたての布目を合わせて型紙を配置します。

型紙の線をチャコペン（あとで消えるタイプ）で生地に写し、わの部分はわの位置で型紙を反転させて写します。そでなどの左右非対称の型紙を2枚裁つときは1枚を裏返して写しましょう。写しとった型紙の線にぬい代をつけて生地を裁ちます。

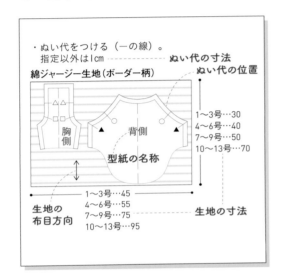

- ・ぬい代をつける（─の線）。
  指定以外は1cm ----- **ぬい代の寸法**

綿ジャージー生地（ボーダー柄） **ぬい代の位置**

| | |
|---|---|
| 1～3号…30 |
| 4～6号…40 |
| 7～9号…50 |
| 10～13号…70 |

胸側　背側　**型紙の名称**

**生地の布目方向**
1～3号…45
4～6号…55
7～9号…75
10～13号…95

**生地の寸法**

## ［生地の裁ち方］

**①** 型紙を生地の上にのせて、チャコペンで写す（合印も写す）。型紙がずれないようにまち針で留めて写すとよい。

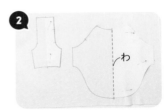

**②** 型紙は「わ」と指示のある位置で反転させて線を写す。

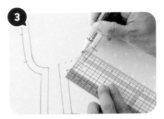

**③** 指定の位置に方眼定規を使ってぬい代をつける。

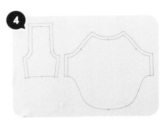

**④** すべて写したところ。

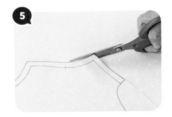

**⑤** ぬい代つきの線で生地を裁つ。

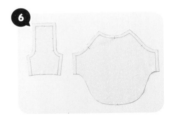

**⑥** 生地を裁ったところ。

# 5 パーツをぬい合わせる

作り方順序に沿ってパーツをぬい合わせていきます。ぬい始めとぬい終わりは返しぬいをします。布端はジグザグミシン（またはロックミシン）で始末します。

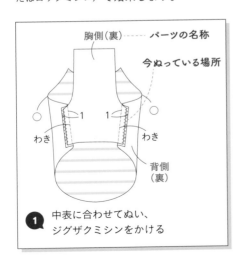

胸側（裏）　**パーツの名称**

**今ぬっている場所**

わき　1　1　わき

背側（裏）

**①** 中表に合わせてぬい、ジグザグミシンをかける

## ［布のぬい方］

ぬい始めとぬい終わりは、必ず返しぬいをして、糸がほつれないようにする。返しぬい部分は1cm程度。

ジグザグミシンをかける。一般的な生地の端はほつれやすいものが多いので、端の始末が必要。

※伸縮性のある生地をぬう時も、伸びない生地と同様に、引っ張らずにぬう。

## ［ぬい代の始末］

ぬい代を割る。ぬい代を両側に広げ、アイロンで押さえる。

ぬい代を片側に倒す。ぬい代を指定の方向に折って、アイロンをかける。

切り込みを入れる。ぬい代のカーブに1cm間隔でぬい目のきわまで切り込みを入れる。

# 基本のボーダーTシャツ  » 4-5ページ

**材料**

綿ジャージー生地(ボーダー柄) ── 裁ち方図参照[生地のお店プロート]
綿ジャージー生地(無地) ──────── 裁ち方図参照[J&B]
リブ生地(無地) ─────────── 裁ち方図参照[J&B]

**型紙**

種類 ──────────── B型 ---
実物大型紙
**B面** ──────── 背側、胸側、ラグランそで、えり

パイピング布は裁ち方図を参照し、直に線を引いて裁つ

胸側
背側
わ わ
ラグランそで
えり ← わ

**[裁ち方図]**（単位は㎝）

・ぬい代をつける（──の線）。指定以外は1㎝

**綿ジャージー生地（ボーダー柄）**

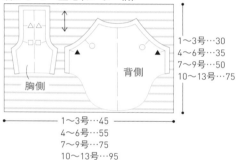

胸側
背側

1〜3号…30
4〜6号…35
7〜9号…50
10〜13号…75

1〜3号…45
4〜6号…55
7〜9号…75
10〜13号…95

**綿ジャージー生地（無地）**

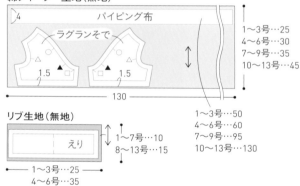

4
パイピング布
ラグランそで
1.5　1.5
130

1〜3号…25
4〜6号…30
7〜9号…35
10〜13号…45

1〜3号…50
4〜6号…60
7〜9号…95
10〜13号…130

**リブ生地（無地）**

えり

1〜7号…10
8〜13号…15

1〜3号…25
4〜6号…35
7〜9号…45
10〜13号…50

**[作り方]**

## 1 身ごろを作る

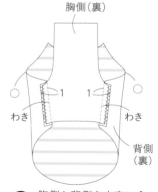

胸側(裏)
わき　わき
1　1
背側(裏)

背側
(表)
0.5
胸側
(表)

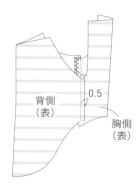

❶ 胸側と背側を中表に合わせてぬい、ジグザクミシンをかける

❷ ぬい代を背側に倒してぬう

## 2 両そでを作る

ラグランそで
(表)
胸側　背側

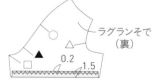

ラグランそで
(裏)
0.2　1.5

❶ そで口にジグザグミシンをかける

❷ そで口のぬい代を折ってぬう

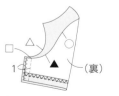

1
(裏)

0.5

❸ 中表に折ってそで下をぬい、ジグザグミシンをかける

❹ 表に返し、そで下のぬい代を胸側に倒してぬう

## 3 身ごろにそでをつける

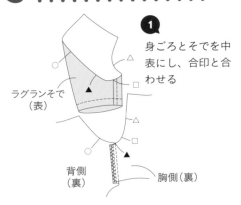

**①** 身ごろとそでを中表にし、合印と合わせる

ラグランそで（表）
ラグランそで（裏）
背側（裏）
胸側（裏）

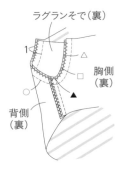

胸側（裏）
背側（裏）

**②** そでぐりをぬい、ジグザグミシンをかける

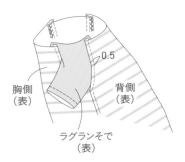

ラグランそで（裏）
胸側（表）
0.5
背側（表）
ラグランそで（表）

**③** 表に返してぬい代を背側と胸側に倒してぬう

## 4 えりを作ってつける

**①** 中表に折ってぬう

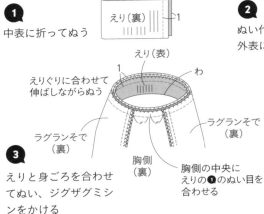

えり（裏）
1
えり（表）
わ
えりぐりに合わせて伸ばしながらぬう
ラグランそで（裏）
胸側（裏）
胸側の中央にえりの❶のぬい目を合わせる

**③** えりと身ごろを合わせてぬい、ジグザグミシンをかける

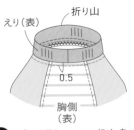

えり（表）
わ

**②** ぬい代を割ってから外表に半分に折る

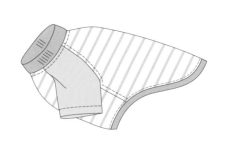

えり（表）
折り山
0.5
胸側（表）

**④** 表に返し、ぬい代を身ごろ側に倒してぬう

## 5 すそをパイピングする

下図参照

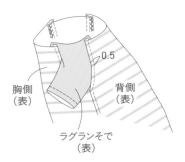

---

ここではすそにつける

伸び方向
パイピング布

**①** パイピング布を少しひっぱりながらぬう

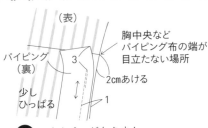

（表）
パイピング（裏）
3
少しひっぱる
1
胸中央などパイピング布の端が目立たない場所
2cmあける

**②** 2cm手前までぬう

2cm手前で返しぬいして糸を切る

**③** パイピング布3cm残して裁つ

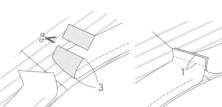
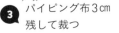

3

**④** 中表に合わせてぬい、ぬい代を割る

1

**⑤** ぬい残した部分をぬう

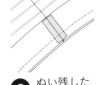

**⑥** 裏側は折ってくるむ

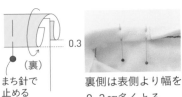

0.3
（裏）
まち針で止める
裏側は表側より幅を0.3cm多くとる

**⑦** 表側からパイピングとのきわをぬう

（表）
0.3
（裏）

# A カレッジパーカ ≫ 6-7ページ

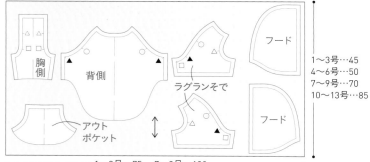

A-1

A-2

A-3

### 材 料

裏毛ニット生地（A-1グレー、2杢、3紺）—— 裁ち方図参照［新宿オカダヤ］
綿スムース生地（A-1赤、2グリーン、3黄色）· 裁ち方図参照［新宿オカダヤ］
リブニット生地（A-1赤、2グリーン、3黄色）– 裁ち方図参照［新宿オカダヤ］
ワッペン———————————————［おともだちの広場］

### 型 紙

種類 ——————————————————— B型 - - - -
実物大型紙
A面 ——————————————— アウトポケット
B面 ——————————————— 背側、胸側、ラグランそで、
                                              そで口、フード
パイピング布は裁ち方図を参照し、直に線を引いて裁つ

［裁ち方図］（単位はcm）

・ぬい代を1cmつける （—— の線）

**裏毛ニット生地（表布）**

胸側　背側　ラグランそで　アウトポケット　フード

1～3号…45
4～6号…50
7～9号…70
10～13号…85

1～3号…75　7～9号…130
4～6号…100　10～13号…170

**綿スムース生地（裏布）**

フード　フード　パイピング布　4

11～13号は2本とる

1～3号…25
4～6号…30
7～9号…35
10～13号…45

生地幅90

**リブニット生地**

そで口　そで口

1～3号…10
4～6号…15
7～9号…20
10～13号…25

1～3号…35
4～9号…45
10～13号…50

［作り方］

## 1 アウトポケットを作って背側につける

アウトポケット（表）

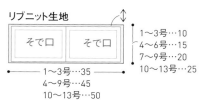

（裏）　1　0.2　0.2　0.2　0.2

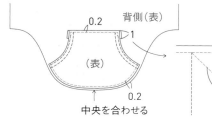

背側（表）　0.2　1　（表）　0.2　中央を合わせる　角は三角にぬう

① ジグザグミシンをかける

② 左右のぬい代を折って2本ぬう

③ 上のぬい代を折って背側に上下をぬいつける

## 2 身ごろを作る

p.42 ボーダーTシャツの 1 と同様に作る

## 3 両そでを作る

① 中表に折ってそで下を
ぬい、ジグザグミシンを
かける

② 表に返し、そで下の
ぬい代を倒してぬう

③ そで口を中表に
折ってぬう

④ ぬい代を割って
から外表に半分
に折る

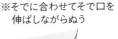

※そでに合わせてそで口を
伸ばしながらぬう

⑤ そでとそで口を合わせて
ぬい、ジグザグミシンを
かける。表に返す

## 4 身ごろにそでをつける

p.43 ボーダーTシャツの **3** と同様に作る

## 5 フードを作る

p.70 どうぶつケープの **2** と同様に作る

## 6 身ごろにフードをつける

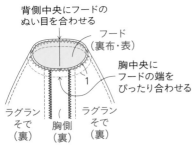

① 身ごろのえりぐりとフードを
合わせてぬい、ジグザグミシ
ンをかける

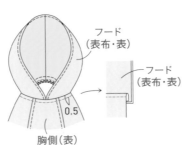

② 表に返し、ぬい代を身ごろ側
に倒してぬう

## 7 すそをパイピングする

p.43 参照

## 8 ワッペンを貼る

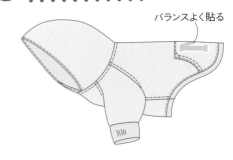

---

## リード〔作り方〕

## 1 ひもを作る

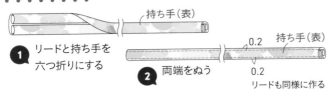

① リードと持ち手を
六つ折りにする

② 両端をぬう

リードも同様に作る

## 2 ナスカンをつける

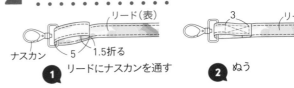

① リードにナスカンを通す

② ぬう

## 3 リードに持ち手をつける

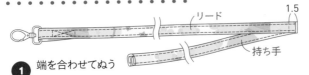

① 端を合わせてぬう

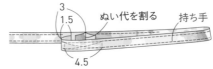

② ぬい代を割り、持ち手を折ってぬう

# B えりつきシャツ 》8-9ページ

B-1　　　B-2

### 材料
コットン生地（**B-1**チェリー刺しゅう、**2**タータンチェック）− 裁ち方図参照［新宿オカダヤ］
コットン生地（白）────────────────────裁ち方図参照［新宿オカダヤ］
綿スムース生地（白）──────────────────裁ち方図参照［新宿オカダヤ］
プラスナップ9mm（赤）-1〜4号4組、5〜7号5組、8〜9号6組、10〜13号7組［清原㈱］

### 型紙
種類 ───────────── B型 ---
実物大型紙
**B**面 ────────── 背側、胸側、ラグランそで、
　　　　　　　　　　　　そで口、シャツえり
パイピング布は裁ち方図を参照し、直に線を引いて裁つ

[裁ち方図]（単位はcm）
・ぬい代をつける（―線）。指定以外は1cm

## コットン生地
（1チェリー刺しゅう 2タータンチェック）

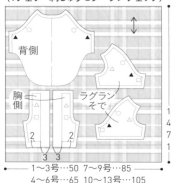

1〜3号…50
4〜6号…70
7〜9号…90
10〜13号…130

1〜3号…50　7〜9号…85
4〜6号…65　10〜13号…105

## コットン生地（白）

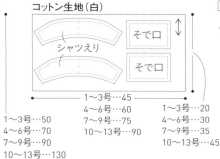

1〜3号…45
4〜6号…60
7〜9号…75
10〜13号…90

1〜3号…20
4〜6号…30
7〜9号…35
10〜13号…45

## 綿スムース生地

※11〜13号は2本
1〜10号…5
11〜13号…10
生地幅90

[作り方]

## 1 背側と胸側の始末をする

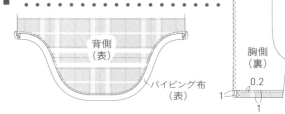

❶ 背側のすそにパイピング
をする。p.43 ❼、p.59
❷ 参照

❷ 胸側の前端側にジグザ
グミシンをかけ、すそ
を三つ折りしてぬう

## 2 身ごろを作る

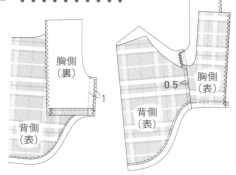

❶ 胸側と背側を中表に
合わせてぬい、ジグ
ザグミシンをかける

❷ ぬい代を背側に
倒してぬう

## 3 両そでを作る

❶〜❹ はp.45 カレッジパーカの 3
❶〜❹ と同様に作る

❺ そでのぬい代を
粗めにぬう

❻ そでとそで口を合わせてぬい、ジグ
ザグミシンをかける。表に返す

## 4 身ごろにそでをつける

p.43 ボーダーTシャツの 3 ❶、❷参照

## 5 えりを作ってつける

❶ 中表に合わせてぬう

❷ 表に返してぬう

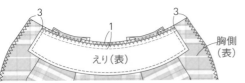

**③** えりと身ごろを合わせてぬい、ジグザグミシンをかける

えり（表）
1
3
3
胸側（表）

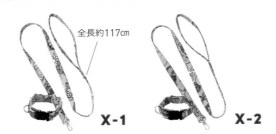

えり（表）
0.2
（裏）
1cm折る

**④** ぬい代を身ごろ側に倒してぬう

## 6 前端の始末をしてプラスナップをつける

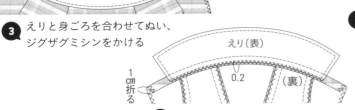

**①** 前端を折ってぬう

1
1
0.5
2cm折る
（裏）

（凸）
（凹）
※均等につける

**②** プラスナップをつける。p.59 参照

---

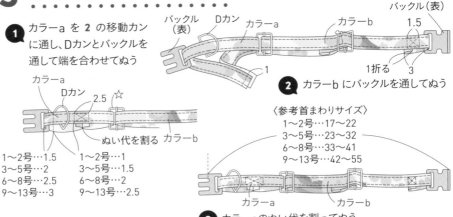

全長約117cm

**X-1**

**X-2**

## X カラー＆リード >> 36ページ

〜〜〜〜〜〜〜〜〜〜〜〜〜
※［リードの作り方］は p.45

**材料**

コットン生地（ブルーポップ柄）1〜2号薄地、3〜5号普通地、6〜13号厚地 ——— 裁ち方図参照

バックル ——————————————— 1個※
Dカン ——————————————— 1個※
移動カン ——————————————— 2個※
ナスカン ——————————————— 1個※

※犬用金具の幅…1〜2号1cm用、3〜5号1.5cm用、6〜8号2cm用、9〜13号3cm用

### ［カラーの作り方］

〔裁ち方図〕（単位はcm）

・カラー、持ち手、リードは裁ち方図を参照し、直に線を引いて裁つ

コットン生地

| ♡ | ♥ | |
|---|---|---|
| カラーa | カラーb | |
| ★ | | |
| 持ち手 | | |
| 50 | | |
| リード | | |

1〜2号…20
3〜5号…30
6〜8号…40
9〜13号…55

103

カラーa ♡＝1〜2号…12／3〜5号…16／6〜8号…20／9〜13号…24
カラーb ♥＝1〜2号…26／3〜5号…32／6〜8号…62／9〜13号…70
★＝1〜2号…6／3〜5号…9／6〜8号…12／9〜13号…18

## 1 ひもを作る

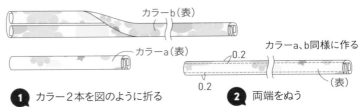

カラーb（表）
カラーa（表）

**①** カラー2本を図のように折る

0.2
0.2
カラーa、b同様に作る
（表）

**②** 両端をぬう

## 2 移動カンをつける

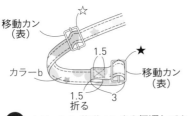

移動カン（表）
☆
1.5
★
カラーb
1.5折る
3
移動カン（表）

**①** カラーbに移動カンを2個通してぬう

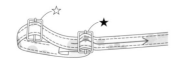

☆
★

**②** 端を移動カンに通す

## 3 Dカンとバックルをつける

**①** カラーa を 2 の移動カンに通し、Dカンとバックルを通して端を合わせてぬう

カラーa
Dカン
2.5
☆
ぬい代を割る
カラーb

1〜2号…1.5
3〜5号…2
6〜8号…2.5
9〜13号…3

1〜2号…1
3〜5号…1.5
6〜8号…2
9〜13号…2.5

バックル（表）
Dカン
カラーa
カラーb
バックル（表）
1.5
1折る
3
1

**②** カラーbにバックルを通してぬう

〈参考首まわりサイズ〉
1〜2号…17〜22
3〜5号…23〜32
6〜8号…33〜41
9〜13号…42〜55

☆
★
カラーa
カラーb

**③** カラーaのぬい代を割ってぬう

# C ノースリーブワンピース » 10-11ページ

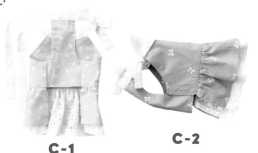

**C-1**　**C-2**

### 材料

コットン生地（C-1花柄、2リボン刺繍）————— 裁ち方図参照［新宿オカダヤ］
綿ローンレース生地（白）————————————— 裁ち方図参照［新宿オカダヤ］
1.5cm幅の面ファスナー ————— 1〜3号8cm、4〜6号12cm、7〜9号18cm、10〜13号25cm

### 型 紙

種類 ————————————————————— B型 - - - -
実物大型紙
B面 ————————————————— 背側、胸側、
　　　　　　　　　　　　　　　　　スカート（上、下）
背ひも、胸ひもは裁ち方図を参照し、直に線を引いて裁つ

［裁ち方図］（単位はcm）
・ぬい代をつける（——の線）。指定以外は1cm

**コットン生地**

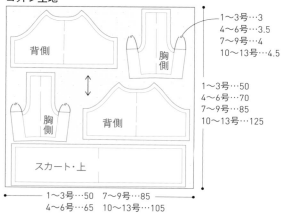

1〜3号…3
4〜6号…3.5
7〜9号…4
10〜13号…4.5

1〜3号…50
4〜6号…70
7〜9号…85
10〜13号…125

1〜3号…50　7〜9号…85
4〜6号…65　10〜13号…105

**綿ローンレース生地**

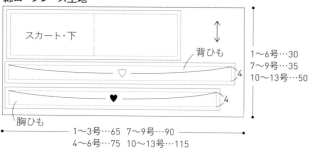

1〜6号…30
7〜9号…35
10〜13号…50

1〜3号…65　7〜9号…90
4〜6号…75　10〜13号…115

背ひも ♡＝1〜3号…59／4〜6号…73／7〜9号…87／10〜13号…111
胸ひも ♥＝1〜3号…55／4〜6号…68／7〜9号…81／10〜13号…105

［作り方］

# 1 スカートを作る

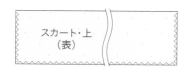

スカート・上
（表）

**①** ジグザグミシンをかける

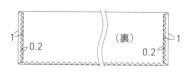

**②** 左右のぬい代を折ってぬう

（裏）
1　0.2

スカート・下も同様に作る

**③** すそのぬい代を折ってぬう

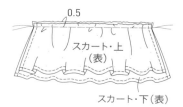

0.5
スカート・上
（表）

スカート・下（表）

**④** スカート上下を重ねて粗い針目のミシンをかけ、ギャザーを寄せる

### ギャザーの寄せ方

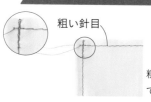

粗い針目

粗い針目のミシンでぬう

布を軽く押さえながら下糸を引く

ギャザーが寄ったところ

## 2 背側にスカートをつける

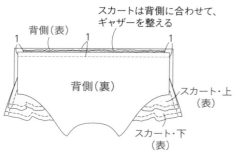

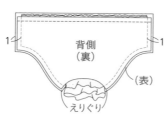

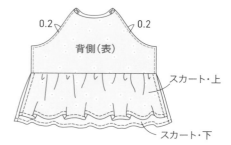

**1** スカートを間にはさみ、
背側を中表に合わせてぬう

**2** スカートをぬい込まないよ
うによけながらえりぐり以
外をぬう

**3** えりぐりから表に返して左右
をぬう

## 3 胸側を作る

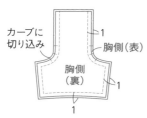

**1** 中表に合わせて端から
1cmのところをぬう

**2** 表に返してまわりをぬう

## 4 ひもをつける

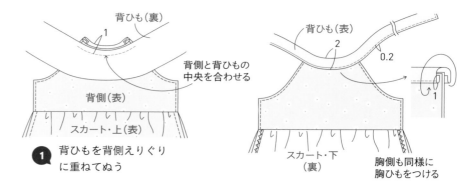

**1** 背ひもを背側えりぐり
に重ねてぬう

**2** ひも端のぬい代を
折る

**3** くるむようにひもを折ってぬう

胸側も同様に
胸ひもをつける

## 5 面ファスナーをつける

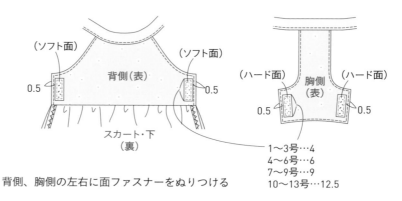

背側、胸側の左右に面ファスナーをぬりつける

1〜3号…4
4〜6号…6
7〜9号…9
10〜13号…12.5

# D フリルカットソー 　»12-13ページ

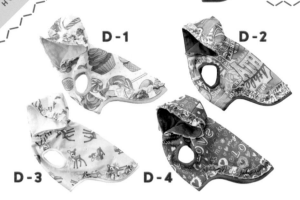

D-1　D-2　D-3　D-4

### 材料
裏毛スエット生地（プリント柄）────── 裁ち方図参照［生地プリント工場Desing Fabric］
綿スムース生地（**D-1**ピンク、**2**茶色、**3**白、**4**ブルー）────────── 裁ち方図参照

### 型紙
種類 ────────────────────── A型 ---
実物大型紙
**A**面 ──────────────────── 背側、胸側
**B**面 ──────────────────── フード
フリル、パイピング布は裁ち方図を参照し、直に線を引いて裁つ

胸側
背側
わ
フード

［裁ち方図］（単位は㎝）
・ぬい代を1㎝つける（──の線）

**裏毛スエット生地（表布）**

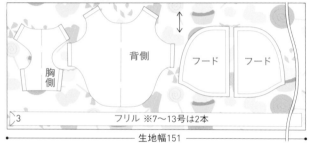

背側　フード　フード　胸側
3　フリル ※7〜13号は2本
生地幅151

1〜3号…35
4〜6号…45
7〜9号…60
10〜13号…95

**綿スムース生地（裏布）**

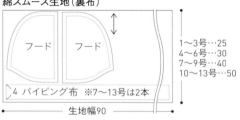

フード　フード
4 パイピング布 ※7〜13号は2本
生地幅90

1〜3号…25
4〜6号…30
7〜9号…40
10〜13号…50

［作り方］

## 1 フリルを作る

フリル（表）

**①** フリルの上下にジグザグミシンをかける

背側フリル　フードフリル

1〜3号…60　　1〜3号…55
4〜6号…75　　4〜6号…65
7〜9号…95　　7〜9号…80
10〜13号…150　10〜13号…105

**②** 長さをカットする

（表）

**③** ギャザーミシンでフリルを作る

粗い針目のミシンを中央にかけ、下糸を引いてギャザーを寄せる

## 2 身ごろを作る

背側（表）

**①** 背側にフリルを重ね、ギャザーが均等になるように合わせてぬう。フリルが余ったら裁つ

背側フリル（表）
3

ぬい終わったら粗い針目のミシン目は取り除く

**②** は p.55 のノースリーブカットソーの **1 ① ②** と同様に作る

## 3 フードを作る

**①** 中表に合わせてぬい、ぬいしろを割る

フード（表布・裏）
1
フード（表布・表）
裏布も同様に作る

**②** 顔回りにフリルを重ね、ギャザーが均等になるように合わせてぬう。長い分はカットする

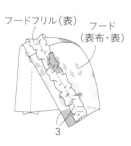

フードフリル（表）
フード（表布・表）
3

**③** p.70 どうぶつケープの **2 ② ③** と同様に作る

**4** 身ごろにフードをつける

p.45 カレッジパーカの **6** と同様につける

**5** そでぐり、すそを
パイピングする

p.43 参照

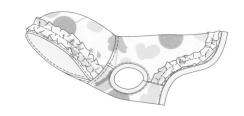

---

**F** タートルニット ≫ 16ページ

**F-1**　　　**F-2**

**材料**

ニット生地（ノルディック）─────────── 裁ち方図参照［ペルル］
綿ジャージー生地（無地）─────────── 裁ち方図参照

**型紙**

種類 ───────────────── A型
実物大型紙
**A**面 ────────── 背側、胸側、タートルネック
パイピング布は裁ち方図を参照し、直に線を引いて裁つ

胸側
背側
わ
わ
タートルネック
わ

［裁ち方図］（単位はcm）
・指定の位置（──の線）にぬい代を1cmつける

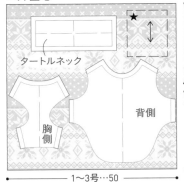

**ニット生地**

タートルネック
胸側
背側

1〜3号…45
4〜6号…55
7〜9号…75
10〜13号…140
※10〜13号は胸側の型紙を★に置く

1〜3号…50
4〜6号…60
7〜9号…80
10〜13号…90

**綿ジャージー生地**

1〜3号は1本
4〜10号は2本
11〜13号は3本

4
4
パイピング布

1〜3号…5
4〜10号…10
11〜13号…15

生地幅90

**1** 身ごろを作る

p.55 のノースリーブカットソーの **1** と同様に作る

**2** そでぐり、すそをパイピングする

p.43 参照

**3** タートルネックを作ってつける

タートルネック（裏）
1

**❶** 中表に折って
ぬう

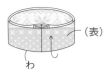

（表）
わ

**❷** ぬい代を割ってから
外表に半分に折る

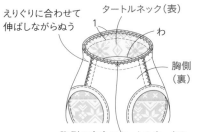

えりぐりに合わせて
伸ばしながらぬう
タートルネック（表）
1
わ
胸側
（裏）

胸側の中央にタートルネックの
**❶**のぬい目を合わせる

**❸** 身ごろにタートルネックを
ぬいつけ、ジグザグミシンをかける

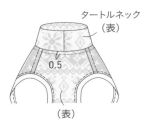

タートルネック
（表）
0.5
（表）

**❹** 表に返し、ぬい代を
身ごろ側に倒してぬう

# E ゆかた ≫ 14-15ページ

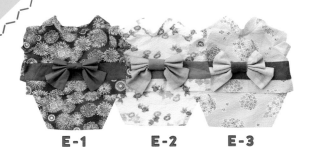

E-1　E-2　E-3

**材　料**

リップル生地（**E-1**花火、**2**金魚、**3**あじさい）──────── 裁ち方図参照［ほのぼの te-ami］
コットン生地2色（**E-1**グリーン、青、**2**ターコイズ、ピンク、**3**赤、水色）────── 裁ち方図参照
面ファスナー（1〜6号1.5cm幅、7〜13号2.5cm幅）
1〜3号10cm、4〜6号15cm、7、8号20cm、9号25cm、10号30cm、11〜13号35cm、

**型　紙**

種類 ──────── A型 ----
実物大型紙
**A面** ──────── 背側上・下
　　　　　　　　　胸側、ゆかたそで
　　　　　　　　　おはしょり、帯A
前立て、帯B〜Dは裁ち方図を参照し、直に線を
引いて裁つ

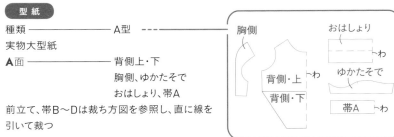

胸側　おはしょり
背側・上　わ
ゆかたそで
背側・下　わ
帯A　わ

［裁ち方図］（単位はcm）
・ぬい代をつける（──の線）。指定以外は1cm

**リップル生地**

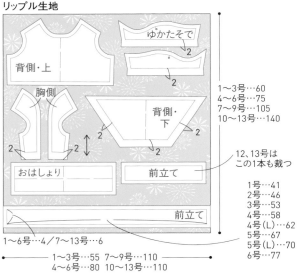

背側・上
胸側
ゆかたそで　2
2
背側・下
2
2
2　2
2
おはしょり　前立て
前立て
1〜6号…4/7〜13号…6

1〜3号…60
4〜6号…75
7〜9号…105
10〜13号…140

12、13号は
この1本も裁つ

1号…41　　7号…83
2号…46　　8号…95
3号…53　　9号…106
4号…58　　10号…84を1本、30を1本
4号(L)…62　11号…92を1本、31を1本
5号…67　　12号…102を1本、32を1本
5号(L)…70　13号…108を1本、36を1本
6号…77　　※2本あるものは1本につないでおく

1〜3号…55　7〜9号…110
4〜6号…80　10〜13号…110

**コットン生地（2色共通）**

※ただし帯Aは**1**グリーン、**2**ターコイズ、**3**赤 1枚のみ裁つ

1〜3号…18　7〜9号…35
4〜6号…25　10〜13号…49

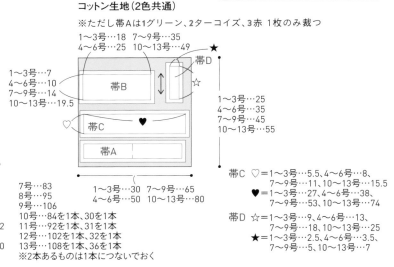

1〜3号…7
4〜6号…10
7〜9号…14
10〜13号…19.5

帯B
帯C　♥
帯A

帯D
★
☆

1〜3号…25
4〜6号…35
7〜9号…45
10〜13号…55

1〜3号…30　7〜9号…65
4〜6号…50　10〜13号…80

帯C　♡=1〜3号…5.5、4〜6号…8、
　　　7〜9号…11、10〜13号…15.5
　　♥=1〜3号…27、4〜6号…38、
　　　7〜9号…53、10〜13号…74

帯D　☆=1〜3号…9、4〜6号…13、
　　　7〜9号…18、10〜13号…25
　　★=1〜3号…2.5、4〜6号…3.5、
　　　7〜9号…5、10〜13号…7

［作り方］

## 1 背側を作る

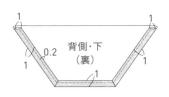

1　0.2　背側・下（裏）　1
1　1
1

**①** 背側・下のぬい代を三
　つ折りにしてぬう

**②** おはしょりを中表に
　折って端をぬう

1　おはしょり（裏）　1
わ

おはしょり（表）
帯A（裏）
背側・上（裏）
背側・下（表）
背側・下（裏）

**③** 表に返して背側と合わせてぬう

0.2　おはしょり（表）
背側・下（表）

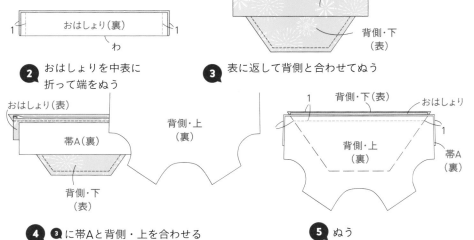

1　背側・下（表）　おはしょり
1
背側・上（裏）
帯A（裏）

**④** **③**に帯Aと背側・上を合わせる

**⑤** ぬう

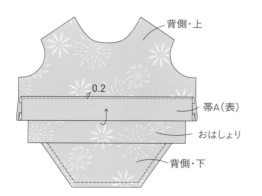

背側・上

0.2

帯A（表）

おはしょり

背側・下

**6** 背側・上と帯Aを表に返し、帯Aのぬい代を折ってぬう

## 2 身ごろを作る

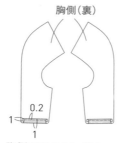

胸側（裏）

0.2

**1** 胸側の下のぬい代を三つ折りにしてぬう

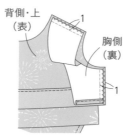

背側・上（表）

1

胸側（裏）

1

**2** 1と中表に合わせて肩とわきをぬい、ジグザグミシンをかける

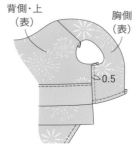

背側・上（表）

胸側（表）

0.5

**3** わきのぬい代を胸側に倒してぬう

## 3 両ゆかたそでを作ってつける

ゆかたそで（裏）

1

**1** 中表に折ってぬい、ジグザグミシンをかける

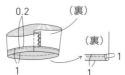

0.2　（裏）

（裏）

1

1

1

**2** そで口を三つ折りにしてぬう

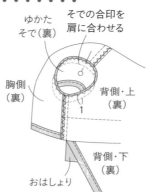

ゆかたそで（裏）

そでの合印を肩に合わせる

胸側（裏）

背側・上（裏）

1

背側・下（裏）

おはしょり

**3** 身ごろとゆかたそでを合印を合わせてぬい、ジグザグミシンをかける

## 4 前立てを作ってつける

**1** 中表に折って端をぬい、表に返す

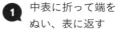

前立て（裏）

1　　　　1

わ

わ

1

前立て（表）

中央を合わせる

帯A

おはしょり

前立て（表）

0.5

**2** 前端とえりぐりに前立てを合わせてぬい、ジグザグミシンをかける

**3** ぬい代を身ごろ側に倒してぬう

## 5 帯を作ってつける

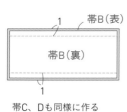

帯B（表）

1

帯B（裏）

1

帯C、Dも同様に作る

**1** 中表に合わせてぬう

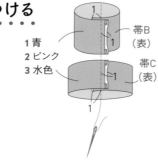

1

帯B（表）

**1** 青
**2** ピンク
**3** 水色

帯C（表）

1

1

**2** 表に返し、帯B、Cをわにし、続けて中央をぬう

帯B

帯C

**3** ぬい縮めて玉止めする

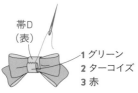

帯D（表）

**1** グリーン
**2** ターコイズ
**3** 赤

**4** 帯Dを**3**にくるんでぬう

**5** 本体に**4**をぬいつける

## 6 面ファスナーをつける

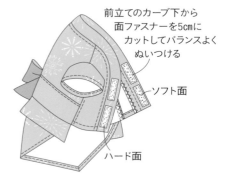

前立てのカーブ下から面ファスナーを5cmにカットしてバランスよくぬいつける

ソフト面

ハード面

53

# G パイロット帽子 » 17ページ

**G-1**　**G-2**

**材料**

コーデュロイ生地（**G-1**ピンク、**2**カーキ）—— 裁ち方図参照［新宿オカダヤ］

ボアフリース生地（**G-1**白、**2**こげ茶）——— 裁ち方図参照［新宿オカダヤ］

プラスナップ9mm（**G-1**ベージュ、**2**アンティークゴールド）———2組［清原㈱］

直径0.2cmのひも（**G-1**ベージュ、**2**黒）

　1〜3号50cm、4〜7号60cm、8〜9号80cm、10〜11号90cm、12〜13号100cm

2つ穴ストッパー（1.8cm×1.2cm）————1個

**型紙**

実物大型紙 -------　　　　　　　パイロット帽 つば

**A面** ———————————— パイロット、つば

パイピング布は裁ち方図を参照し、直に線を引いて裁つ

[**裁ち方図**]（単位はcm）

・ぬい代を1cmつける（——の線）

**コーデュロイ生地（表布）**

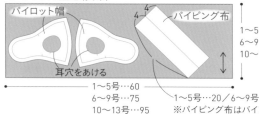

パイロット帽

耳穴をあける

パイピング布

1〜5号…20／6〜9号…25／10〜13号…30

※パイピング布はバイアスでカットする

1〜5号…20
6〜9号…30
10〜13号…40

1〜5号…60
6〜9号…75
10〜13号…95

**ボアフリース生地（裏布）**

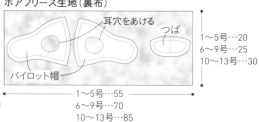

耳穴をあける

つば

パイロット帽

1〜5号…20
6〜9号…25
10〜13号…30

1〜5号…55
6〜9号…70
10〜13号…85

[**作り方**]

## **1** 本体を作る

パイロット帽
（表布・裏）

（表布・表）

**①** 中表に合わせてぬう

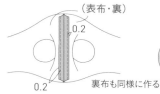

（表布・裏）

0.2

0.2

裏布も同様に作る

**②** ぬい代を割ってぬう

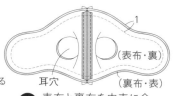

（表布・裏）

耳穴

（裏布・表）

**③** 表布と裏布を中表に合わせてまわりをぬう

0.2

（表布・表）

**④** 耳穴から表に返してまわりをぬう

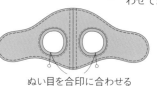

ぬい目を合印に合わせる

**⑤** 耳穴にパイピングをする（p.43参照）

## **2** つばをつける

つば（裏）

**①** ぬい代を折る

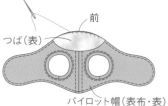

前

つば（表）

パイロット帽（表布・表）

**②** 本体にぬいつける

## **3** ひもとストッパーをつける

ストッパー

ひも2本

**①** ひもを2等分し、ストッパーに通す

合印　前　合印

合印

（裏布・表）

合印

**②** 本体の合印にぬいつける

## **4** プラスナップをつける

p.59 参照

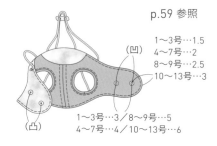

（凹）

1〜3号…1.5
4〜7号…2
8〜9号…2.5
10〜13号…3

（凸）

1〜3号…3／8〜9号…5
4〜7号…4／10〜13号…6

# H ノースリーブカットソー  ≫ **18-19**ページ

H-1　H-2　H-3　H-4

**材料**

**H-1、2**
綿ジャージー生地（星柄）————————————裁ち方図参照[ペルル]
綿ジャージー生地（無地）————————————裁ち方図参照
**H-3、4**
綿ジャージー生地（ボーン柄）————————————[maffon]
綿ジャージー生地（無地）————————————裁ち方図参照

**型紙**

種類————————————A型
実物大型紙
**A面**————————————背側、胸側
パイピング布は裁ち方図を参照し、直に線を引いて裁つ

## ［裁ち方図］（単位は㎝）

・指定の位置（——の線）にぬい代を1㎝つける

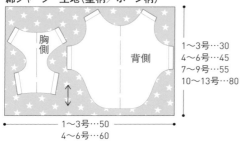

綿ジャージー生地（星柄／ボーン柄）

胸側　背側

1〜3号…30
4〜6号…45
7〜9号…55
10〜13号…80

1〜3号…50
4〜6号…60
7〜9号…80
10〜13号…100

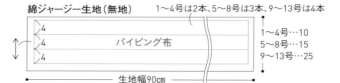

綿ジャージー生地（無地）　1〜4号は2本、5〜8号は3本、9〜13号は4本

パイピング布

1〜4号…10
5〜8号…15
9〜13号…25

生地幅90cm

## ［作り方］

## 1 身ごろを作る

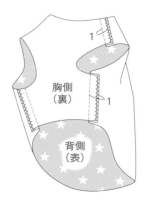

胸側（裏）
背側（表）
1
1

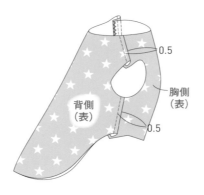

0.5
背側（表）
胸側（表）
0.5

❶ 胸側と背側を中表に合わせてぬい、ジグザクミシンをかける

❷ 表に返し、ぬい代を背側に倒してぬう

## 2 えりぐり、そでぐり、すそをパイピングする

p.43 参照

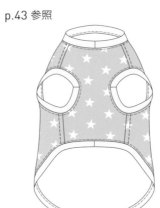

# ▌レインコート　»20ページ

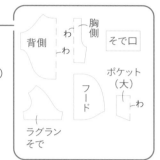

»20ページ

**I-1** 　　　　**I-2**

**材料**

撥水加工生地（I-1黄色、2オレンジ）——— 裁ち方図参照
面ファスナー（1〜6号…1.5cm幅、7〜13号…2.5cm幅）
　　1〜4号10cm、5〜7号21cm、8〜10号28cm、11〜13号35cm

**型紙**

種類 ————————— B型 ----
実物大型紙
**B面** ———————— 背側、胸側、ラグランそで、
　　　　　　　　　そで口、フード、ポケット（大）
ひもは裁ち方図を参照し、直に線を引いて裁つ

〔裁ち方図〕（単位はcm）
・ぬい代を1cmつける（—の線）。

**撥水加工生地（表布、裏布は共布）**

わ
32
ひも（1枚のみ）　4
胸側
背側
フード
ポケット（大）
1〜6号…2.5
7〜13号…3
ラグランそで
フード
そで口

1〜3号…90
4〜6号…100
7〜9号…140
10〜13号…185

1〜3号…80／4〜6号…110／7〜9号…140／10〜13号…170

（型紙図）
背側　わ　胸側　わ　そで口
フード　ポケット（大）わ
ラグランそで

〔作り方〕

## 1 身ごろを作る

p.62 ダッフルコートの **1** と同様に作る

## 2 両そでを作る

p.62 ダッフルコートの **2** と同様に作る

## 3 身ごろにそでをつける

p.43 ボーダーTシャツの **3** と同様に作る

※表布と裏布を同様に作る

## 4 フードを作る

p.70 どうぶつケープ
**2** と同様に作る。
❶のあとにぬい代をぬい、
続けて❷❸を作る

フード
（表布・裏）　0.5
0.5

裏布も同様に作る

## 5 表布と裏布を合わせリード通し穴を作る

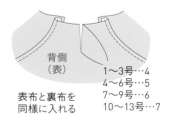

背側
（表）
1〜3号…4
4〜6号…5
7〜9号…6
10〜13号…7

表布と裏布を
同様に入れる

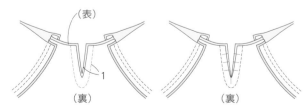

（表）
1
（裏）
（裏）

0.2
（表）

❶ 背側中央に切り込みを入れる

❷ 表布と裏布を中表に
合わせてぬう

❸ ぬい代に切り込み
を入れる

❹ 表に返してぬう

## 6 身ごろのまわりをぬう

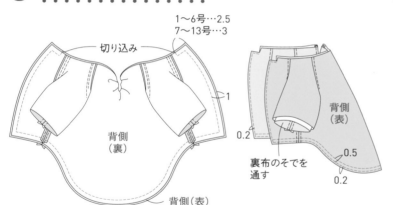

1〜6号…2.5
7〜13号…3

切り込み

背側（裏）

1

背側（表）

裏布のそでを通す

0.2

0.5

0.2

背側（表）

**1** 中表に合わせてまわりをぬい、えりぐりのぬい代に切り込みを入れる

**2** 表に返してぬう

## 7 フードをつける

フード（表布・裏）

1〜6号…1.5
7〜13号…2

2リード通し穴

1

背側（表）

**1** 表布のフードと **6** を中表に合わせてぬう

**2** 裏布のフードのぬい代を折ってまわりをぬう

0.2

フード（表布・表）

フード（裏布・表）

0.2

背側（表）

（表）

1

## 8 両そで口を作ってつける

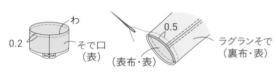

わ

0.2

そで口（表）

0.5

（表布・表）

ラグランそで（裏布・表）

糸を引き、ギャザーを寄せる

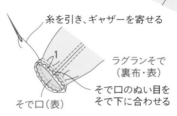

1

ラグランそで（裏布・表）

そで口のぬい目をそで下に合わせる

そで口（表）

**1** そで口を作る（p.44 カレッジパーカの **3** **③** **④** 参照）。わ側をぬう

**2** 表布・裏布のそでのぬい代を一緒に粗めにぬう

**3** そでとそで口を合わせてぬい、ジグザグミシンをかける

## 9 ポケットを作ってつける

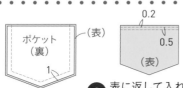

ポケット（裏）

1

（表）

0.2

0.5

（表）

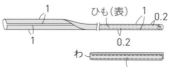

1

ひも（表）

1

0.2

1

0.2

わ

半分に折る

**1** 中表に合わせてぬう

**2** 表に返して入れ口のぬい代を内側に折ってぬう

**3** ひもを四つ折りにし、ぬう

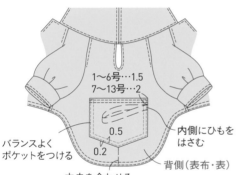

1〜6号…1.5
7〜13号…2

0.5

0.2

バランスよくポケットをつける

内側にひもをはさむ

背側（表布・表）

中央を合わせる

たたむとポケット部分に収納できる

**4** ひもをはさんでポケットを背側にぬいつける

## 10 面ファスナーをつける

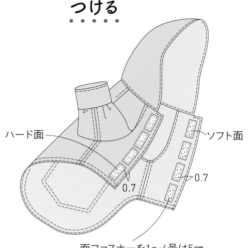

ハード面

ソフト面

0.7

0.7

面ファスナーを1〜4号は5cm、5〜13号は7cmにカットしてバランスよくぬいつける

# J キルティングベスト » 21ページ

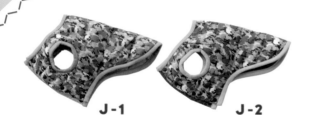

J-1　　　J-2

**材料**

コットン生地（プリント柄）──────── 裁ち方図参照［ホビーラホビーレ］
撥水加工生地（**J-1**ブルー、**2**カーキ）──── 裁ち方図参照
綿スムース生地（**J-1**ブルー、**2**ピンク）──── 裁ち方図参照
キルト芯
　（厚さ1〜3号0.5cm、4〜6号1cm、7〜9号1.5cm、10〜13号2cm）──── 裁ち方図参照
プラスナップ9mm（黒）──── 1〜4号4組、5〜7号5組、8〜9号6組、10〜13号7組［清原㈱］

**型紙**

種類 ─────────── A型
実物大型紙
**A面** ─────────── 背側、胸側
パイピング布は裁ち方図を参照し、直に線を引いて裁つ

［裁ち方図］（単位はcm）

・ぬい代をつける（──の線）。指定以外は1cm

**コットン生地（表布）、撥水加工生地（裏布）、キルト芯 共通**

背側　胸側

1〜3号…30
4〜6号…45
7〜9号…55
10〜13号…80

1〜3号…55　7〜9号…85
4〜6号…70　10〜13号…105

**綿スムース生地**

パイピング布

1〜4号…10
5〜8号…15
9〜13号…20

生地幅90cm

1〜4号は2本
5〜8号は3本
9〜13号は4本

［作り方］

## 1 身ごろを作る

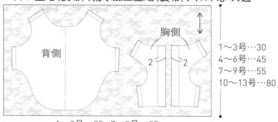

胸側（表布・表）　キルト芯　背側（表布・裏）

**①** 表布にキルト芯を重ねる

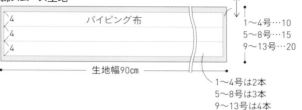

0.2　0.2　0.2　0.2
胸側（表布・表）
背側（表布・表）

**②** 表布を中表に合わせて肩とわきをぬう。ぬい代を割ってぬう

胸側（裏布・裏）
1
1
背側（裏布・表）
ぬい代を割る
反対側も同様にぬう

**③** 裏布も中表に合わせて肩とわきをぬう。ぬい代を割ってぬう。

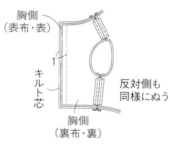

胸側（表布・表）
1
キルト芯
反対側も同様にぬう
胸側（裏布・裏）

**④** **②**を**③**を中表に合わせ胸側の前端をぬう

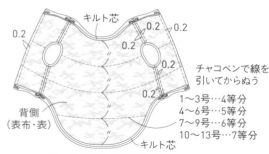

キルト芯　0.2　0.2　0.2
0.2
0.2
背側（表布・表）
キルト芯

チャコペンで線を引いてからぬう
1〜3号…4等分
4〜6号…5等分
7〜9号…6等分
10〜13号…7等分

**⑤** 表に返して前端をぬう。身ごろを等分してぬう

## 2 えりぐり、そでぐり、すそを パイピングする

p.43 参照

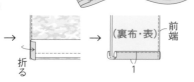

**パイピング端の始末**

胸側（表布・表）

前端

1cm出す

パイピング布（裏）

1　ぬう

折る

（裏布・表）　前端

1

## 3 プラスナップをつける

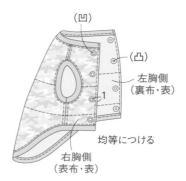

（凹）

（凸）

左胸側
（裏布・表）

1

均等につける

右胸側
（表布・表）

### プラスナップのつけ方

つけ位置に目打ちで穴をあける

プラスナップのヘッドを穴に差し込む

反対側から凹または凸のパーツを音がするまで押し込む

---

# N ミニマフラー　» 25ページ

**N-1**　　**N-2**

**［裁ち方図］**（単位はcm）

・ぬい代を1cmつける（― の線）

**フリース生地**

マフラー

♡

♥

1～6号…10
7～9号…15
10～13号…20

1～3号…35　7～9号…55
4～6号…50　10～13号…75

♡＝1～3号…6／4～6号…8／7～9号…12／10～13号…16
♥＝1～3号…30／4～6号…45／7～9号…52／10～13号…70

**ボアフリース生地**

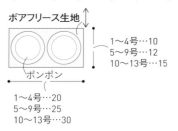

ポンポン

1～4号…10
5～9号…12
10～13号…15

1～4号…20
5～9号…25
10～13号…30

### 材料

| | |
|---|---|
| フリース生地（**N-1**グリーン、**2**赤） | 裁ち方図参照［新宿オカダヤ］ |
| ボアフリース生地（白） | 裁ち方図参照［新宿オカダヤ］ |
| 手芸綿 | 少々 |
| 幅0.7cmのゴム | 1～3号4.5cm、4～6号5cm、7～9号5.5cm、10～13号6cm |

### 型紙

| | |
|---|---|
| 実物大型紙　－－－－ | ポンポン |
| **A**面 | ポンポン |

＊マフラーは裁ち方図を参照し、直に線を引いて裁つ

ポンポン

## ［作り方］

## 1 マフラーを作る

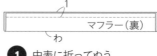

1

マフラー（裏）

わ

❶ 中表に折ってぬう

（表）

❷ ぬい代を割って、表に返す

1～3号…2.5／7～9号…3.5
4～6号…3／10～13号…4

ゴム

（表）

1～3号…5／7～9号…9
4～6号…7／10～13号…11

❸ ゴムをぬいつける

## 2 ポンポンを作る　2個同様に作る

1　玉止め

ポンポン
（表）

❶ まわりをぬう

綿

（表）

ぬい代は中に入れる

❷ 糸を引いて絞り、綿をしっかりつめる

（表）

❸ 絞り口をぬい、玉止めをして糸を切る

## 3 マフラー両端にポンポンをつける

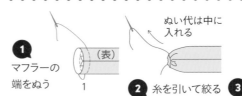

ぬい代は中に入れる

（表）

マフラーの
端をぬう

1

❶ マフラーの端をぬう

❷ 糸を引いて絞る

❸ 続けてポンポンをぬいつける

# K Gジャン

» 22ページ

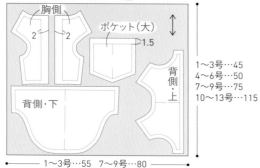

**K-1**　　**K-2**

【材料】

デニム生地（K-1ストライプ、2組）————— 裁ち方図参照［新宿オカダヤ］
プードルファー生地（ベージュ）————— 裁ち方図参照［新宿オカダヤ］
プラスナップ（ベージュ）——— 1〜4号4組、5〜7号5組、8〜9号6組、10〜13号7組［清原㈱］
ワッペン

【型紙】

| 種類 | ————— | A型 |
| --- | --- | --- |

実物大型紙
A面 ————— 背側（切り替え位置で上下に分ける）、胸側
B面 ————— ポケット（大）

背側・上　　胸側
わ
ポケット（大）
わ
背側・下
わ

【裁ち方図】（単位はcm）

・ぬい代をつける（——の線）。指定以外は1cm

**デニム生地、ファー生地 共通**

胸側
2　2
ポケット（大）
1.5
背側・下
背側・上
1〜3号…45
4〜6号…50
7〜9号…75
10〜13号…115

1〜3号…55　7〜9号…80
4〜6号…60　10〜13号…110

【作り方】

## 1 背側の上下をぬう

表布　1
背側・上（デニム・裏）
背側・下（ファー・表）

裏布　1
背側・上（ファー・裏）
背側・下（デニム・表）

背側・上（デニム・表）
0.5
0.2
背側・下（ファー・表）
2枚とも同様にぬう

❶ 背側の上下を中表に合わせてぬう

❷ ぬい代を上側に倒して2本ぬう

## 2 ポケットを作って表布につける

ポケット（表）

0.5　1.5
0.2
（裏）

❶ ジグザグミシンをかける

❷ 入れ口のぬい代を折って2本ぬう

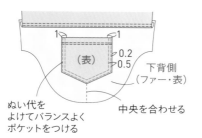

1　1
（表）
0.2
0.5
下背側（ファー・表）
ぬい代をよけてバランスよくポケットをつける
中央を合わせる

❸ 背側の表布にポケットをぬいつける

## 3 身ごろを作る

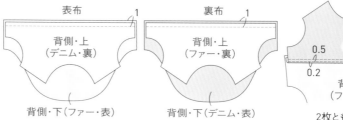

表布
胸側（デニム・裏）
背側・上（デニム・表）
1

裏布
胸側（ファー・裏）
背側・上（ファー・表）
1
背側・下（デニム・表）

胸側（デニム・表）
0.2
0.5

❶ 胸側と背側を中表に合わせてわきをぬう
反対側も同様にぬう

❷ ぬい代を胸側に倒して2本ぬう
裏布も同様にぬう

背側・上（ファー・表）
切り込み
背側・上（デニム・裏）
1
1

❸ 表布と裏布を中表に合わせてぬい、カーブのぬい代に切り込みを入れる

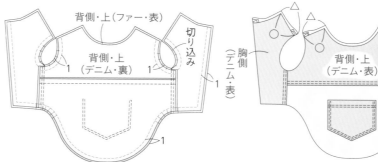

胸側（デニム・表）
背側・上（デニム・表）
胸側（デニム・表）
背側・下（ファー・表）

❹ 背側のえりぐりから表に返す

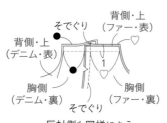
背側・上（デニム・表）　そでぐり　背側・上（ファー・表）♡
背側・上（デニム・表）●　●胸側（ファー・裏）
胸側（デニム・裏）　そでぐり　胸側（ファー・裏）
1

反対側も同様にぬう

**5** 肩をぬう

背側・上（ファー・表）　背側・上（デニム・表）
0.5
0.2
胸側（デニム・表）
胸側（ファー・裏）
胸側（ファー・表）

**6** 肩のぬい代を背側に
倒して2本ぬう

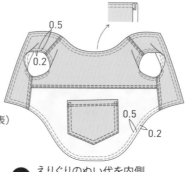
0.5
0.2
0.5
0.2

**7** えりぐりのぬい代を内側
に折って2本ぬう

## 4 プラスナップをつける

p.59 を参照し、
バランスよくつける

1.5
（凹）　（凸）
1.5

## 5 ワッペンを貼る

ポケットにワッペンを貼る

---

# Z カートアイテム ボトルケース 》38ページ

※バッグは p.78

**［材料］**

コットン生地（柄 **Z-1**マルケッタ、**2**ティクット、）────── 裁ち方図参照［Kippis®（ツクリエ）］
コットン生地（無地 **Z-1**グリーン、**2**黄色）────── 裁ち方図参照
2cm角カン（プラスチック白）────── 1個［清原㈱］
コードストッパー（茶色）────── 1個［清原㈱］
幅2.5cmの面ファスナー（白）────── 10cm
直径0.6cmのひも（ベージュ）────── 60cm［清原㈱］

Z-1　Z-2

**［裁ち方図］**（単位はcm）

側面、底、口布、持ち手は裁ち方図を参照し、直に線を引いて裁つ
・ぬい代を1cmつける（―― の線）

**コットン生地（表布・柄）**

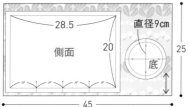
28.5　直径9cm
側面　20　底
45　25

**コットン生地（裏布）**

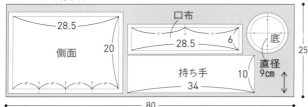
28.5　口布　底
側面　20　28.5　6　直径9cm
持ち手　10
34
80　25

**［作り方］**

## 1 側面と底をつける

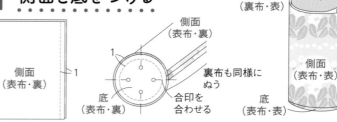
側面（表布・裏）
側面（表布・裏）　1
底（表布・裏）　1　側面（表布・表）
裏布も同様にぬう
合印を合わせる
側面（裏布・表）
側面（表布・表）
底（表布・表）

**1** 側面を中表に
折ってぬう

**2** ぬい代を割って底を
中表に合せてぬう

**3** 表布と裏布を
外表に合わせる

## 2 入れ口を作る

**1** 左右を三つ折りしてぬう

0.2　口布（裏）　0.2　0.5
0.5

**2** 側面を中表
に合わせて
ぬう

ぬい目と口布の
合印を合わせる
側面（裏布・表）
口布（裏）
側面（表布・表）

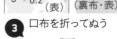
3　0.2（表）　1
（裏布・表）

**3** 口布を折ってぬう

## 3 持ち手を作ってつける

**1** p.78 バッグの **2** **1** **2** と同
様に作る

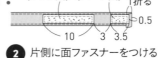
（ソフト面）（ハード面）　1折る
10　3　3.5　0.5

**2** 片側に面ファスナーをつける

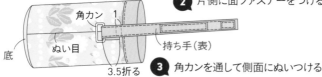
角カン　1
ぬい目
底
3.5折る
持ち手（表）

**3** 角カンを通して側面にぬいつける

## 4 ひもを通してストッパーをつける

ひもを入れ口に通し、ストッパーを
つけて結ぶ

ストッパー
結ぶ

# L ダッフルコート » 23ページ

**L-1**

**L-2**

## 材料

| | |
|---|---|
| ジャカードニット生地（トライアングル柄）—— | 裁ち方図参照[maffon] |
| フリース生地（**L-1**グレー、**2**ピンク）——— | 裁ち方図参照 |
| ダッフルボタン——————————— | 1〜3号…1組、4〜8号…2組、9〜13号3組 |
| プラスナップ（黒）————————— | 1〜4号4組、5〜7号5組、8〜9号6組、10〜13号7組［清原㈱］ |

## 型紙

| | |
|---|---|
| 種類 ——————————— B型 |
| 実物大型紙 | |
| **B面** —————————— | 背側、胸側、ラグランそで、そで口、フード、ポケット（小） |

背側　胸側　わ
ラグランそで　フード
そで口　ポケット（小）

［裁ち方図］（単位はcm）

・ぬい代をつける（――の線）。指定以外は1cm

**ジャカードニット生地（表布）、フリース生地（裏布）共通**

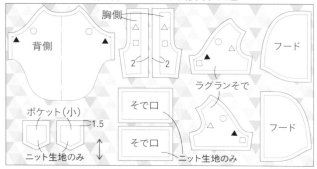

背側　胸側　ラグランそで　フード　フード
ポケット（小）　1.5　そで口　そで口
ニット生地のみ

1〜3号…45
4〜6号…60
7〜9号…80
10〜13号…100

1〜3号…80／4〜6号…110／7〜9号…140／10〜13号…170

［作り方］

## 1 身ごろを作る

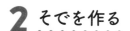

（表布・裏）胸側 1
背側（表布・表）　反対側も同様に作る
背側（表布・表）0.5　0.5　裏布も同様に作る

❶ 胸側と背側を中表に合わせてぬう

❷ ぬい代を割ってぬう

## 2 そでを作る

ラグランそで（表布・裏）1
0.5　0.5（表布・表）
裏布も同様に作る

❶ 中表に折ってそで下をぬう

❷ ぬい代を割ってぬう

## 3 身ごろにそでをつける

p.43 ボーダーTシャツの**3**と同様に作る
表布と裏布、同様に作る

## 4 フードを作る

p.70 どうぶつケープの**2**と同様に作る。❶のあとにぬい代をぬい、続けて❷❸を作る

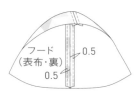

フード（表布・裏）0.5　0.5
裏布も同様に作る

## 5 身ごろにフードをつける

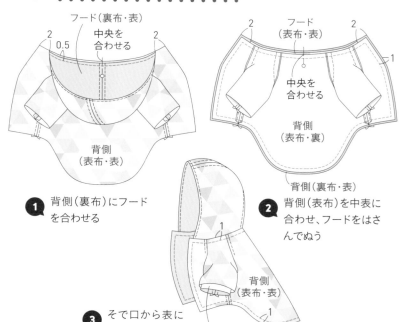

フード（裏布・表）中央を合わせる　2　0.5　2
背側（表布・表）

❶ 背側（裏布）にフードを合わせる

フード（表布・表）2　2
中央を合わせる　1
背側（表布・裏）
背側（裏布・表）

❷ 背側（表布）を中表に合わせ、フードをはさんでぬう

1
背側（表布・表）1

❸ そで口から表に返してぬう
裏布のそでを通す

## 6 両そで口を作ってつける

そで口（裏）1　わ（表）（表）（裏布・表）ラグランそで（表布・表）ラグランそで（裏布・表）

そで口のぬい目を
そで下に合わせる

そで口（表）
そでに合わせて伸ばしながらぬう

❶ そで口を中表に
　折ってぬう

❷ ぬい代を割って
　から外表に半分
　に折る

❸ ジグザグミシン
　をかける

❹ そでにジグザグミシン
　をかける

❺ そでにそで口を合わせてぬう

## 7 ポケットとダッフルボタンをつける

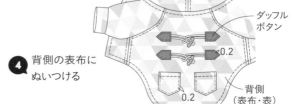

ポケット（表）　1　1.5（裏）　（裏）1　2枚作る

ダッフルボタン

0.2

背側（表布・表）

0.2

❶ ジグザグミシン
　をかける

❷ 入れ口のぬい代
　を折ってぬう

❸ ぬい代を折る

❹ 背側の表布に
　ぬいつける

## 8 プラスナップをつける　p.59 参照

---

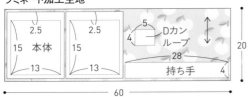

**Y-3**　**Y-4**

# Y フードポーチ 》37ページ

### 材料

ラミネート加工生地（みかん）―――――― 裁ち方図参照［Kippis®（ツクリエ）］
ミニナスカンドロップ型（幅1cmのDカンとナスカンのセット・ニッケル）
　　　　　　　　　　　　　　　　　　　―― 1組［清原㈱］
13cmのバネ口金 ――――――――――――― 1個

［裁ち方図］（単位はcm）

本体、Dカンループ、持ち手は裁ち方図を参照し、直に線を引いて
裁つ
・ぬい代をつける（――の線）。指定以外は1cm

ラミネート加工生地

```
2.5      2.5       5    Dカン
                   4    ループ
15  本体  15                        20
   13      13      28
                   持ち手      4
           60
```

## ［作り方］

## 1 本体を作る

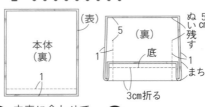

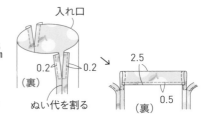

本体（裏）（表）　5　（裏）　底　1　3cm折る

入れ口　ぬい残す　5cm　まち　1

0.2　（裏）　0.2　ぬい代を割る

2.5　（裏）　0.5

❶ 中表に合わせて
　底をぬう

❷ 底を折ってぬう

❸ ぬい代を割り、入れ口をぬう

## 2 DカンループとＢ持ち手を作る

p.75　シートポーチの
**3-❶** と同様に作る

## 3 Dカンループ、持ち手、バネ口金をつける

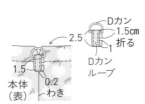
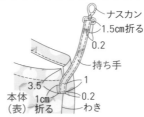
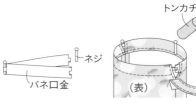

2.5　Dカン　1.5cm折る　Dカンループ　1.5　本体（表）　0.2　わき

ナスカン　1.5cm折る　0.2　持ち手　1　3.5　本体（表）　1cm折る　0.2　わき

トンカチ　ネジ　バネ口金　（表）

❶ Dカンループを本体
　わきにぬいつける

❷ 持ち手にナスカンを通して
　ぬう。もう一方の端を反対
　側のわきにぬいつける

❸ バネ口金の片側のネジをはずす。入れ
　口にバネ口金を通し、ネジをはめる

# M サンタウエア　»24ページ

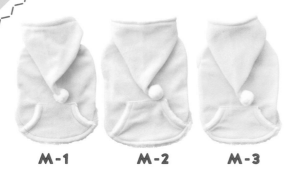

M-1　　　M-2　　　M-3

**材料**

フリース生地（M-1ピンク、2ブルー、3イエロー）――――― 裁ち方図参照［新宿オカダヤ］
ボアフリース生地（白）――――――――――― 裁ち方図参照［新宿オカダヤ］
綿 ――――――――――――――――――――― 少々

**型紙**

種類 ―――――――――――――――― A型 - - - -
実物大型紙
A面 ――――――――――――――― 背側、胸側、
　　　　　　　　　　　　　　　　アウトポケット、ポンポン
B面 ――――――――――――――――――― フード
見返し布は裁ち方図を参照し、直に線を引いて裁つ

背側　わ　　胸側
わ
ポンポン
フード
わ
アウト
ポケット
わ

［裁ち方図］（単位はcm）
・ぬい代を1cmつける（ ― の線）

フリース生地

背側
胸側
アウトポケット
フード

1～3号…40
4～6号…50
7～9号…70
10～13号…100

1～3号…70　7～9号…120
4～6号…90　10～13号…150

ボアフリース生地

ポンポン
見返し布　※10～13号は3本
3
3
生地幅140

1～9号…20
10～13号…30

［作り方］

## 1 アウトポケットを作って背側につける

見返し布（表）

❶ 見返し布の一辺にジグザグミシンをかける

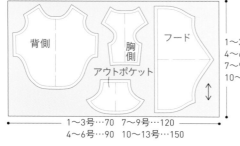

見返し布（裏）
1　　　1
アウトポケット（表）

0.2
見返し布（表）
（裏）

❷ 中表に合せてぬう。見返し布は必要量をカットしながら使う

❸ 見返し布を裏側に倒してぬう

背側（表）
0.2
1
アウトポケット（表）
0.2
中央を合わせる

❹ 上端のぬい代を折って背側に上下をぬいつける

## 2 身ごろを作る

p.55 ノースリーブカットソーの 1 と同様に作る

## 3 フードを作ってつける

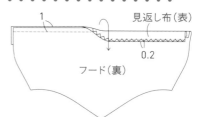

1
見返し布（表）
0.2
フード（裏）

❶ フードと見返し布を中表に合わせてぬい、見返し布を裏側に倒してぬう

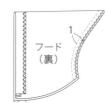

フード
（裏）
1

❷ 中表に折ってぬい、ジグザグミシンをかける

❸ 身ごろにフードをぬいつける。p.45 カレッジパーカの 6 を参照して作る

**4** すそとそでぐりに
見返し布をつける

p.45 参照

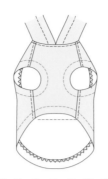

**5** ポンポンを作ってつける

① ポンポンを作る
p.59 ミニマフラー **2**
と同様に作る

② ポンポンをフードの先
にぬいつける

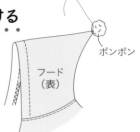

ポンポン

フード
（表）

見返し布のわのつけ方

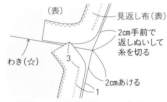

（表）　見返し布（表）
2cm手前で
返しぬいして
糸を切る
わき（☆）
2cmあける

**①** 片側にジグザグミシンをかけ、わ
きから2cmあけ、見返し布を少し
引っ張りながら2cm手前までぬう

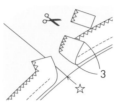

**②** 見返し布3cm
残して裁つ

**③** 中表に合わせて
ぬい、ぬい代を
割る

（表）

**④** ぬい残した部分を
ぬう

（裏）
0.2

見返し布（表）

**⑤** 裏側に倒して
ぬう

---

**P** パーティーバンダナ　» 28 ページ

**材料**

フェルト3色（黒、白、赤）——————————— 裁ち方図参照
コットン生地（ストライプ）————————————— 裁ち方図参照
ボタン（1〜5号…直径0.7cmの黒）——————— 2個
　　　（6〜10号…直径1.4cmの黒）————— 3個
　　　（11〜13号…直径2cmの黒）————— 3個

［裁ち方図］（単位はcm）

・指定の位置（——の線）で裁つ

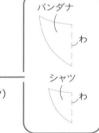

バンダナ
わ

シャツ
わ

**型紙**

実物大型紙 - - - -
B面 ——————————— バンダナ（バンダナ、シャツ）
ひも、リボンは裁ち方図を参照し、直に線を引いて裁つ

フェルト（黒）　バンダナ

1〜3号…10
4〜5号…15
6〜10号…20
11〜13号…25

1〜3号…15　6〜10号…25
4〜5号…20　11〜13号…30

フェルト（白）　シャツ

1〜5号…10
6〜13号…15

1〜3号…10　8〜10号…20
4〜7号…15　11〜13号…25

フェルト（赤）　リボン

1〜3号…4　8〜10号…6
4〜5号…5　11〜13号…7 の正方形
6〜7号…5.5

コットン生地

1〜3号…65　8〜10号…100
4〜5号…75　11〜13号…110
6〜7号…85

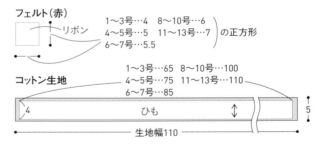

4　ひも
5

生地幅110

［作り方］

**1** 本体を作る

バンダナとシャツを
上端をそろえてぬう

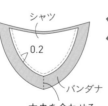

シャツ
0.2
中央を合わせる
バンダナ

**2** ひもをつける

p.71 クールバンダナの **3** と同様に作る

**3** リボンを作ってつける

リボン

中央を粗くぬい、しぼって糸を
巻き、本体にぬいつける

**4** ボタンをつける

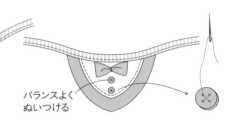

バランスよく
ぬいつける

# ○ ドレス  » 26-27ページ

**O-1**

**O-2**

**材料**

| | |
|---|---|
| サテン生地(**O-1**黄色、**2**紫) | 裁ち方図参照[新宿オカダヤ] |
| オーガンジー生地(スノー柄) | 裁ち方図参照[新宿オカダヤ] |
| パールビーズ(小) | 1〜6号は直径0.3cm、7〜13号は直径0.8cm適量 |
| パール(大) | 1〜6号は直径1.2cm2個、7〜13号は直径1.6cm2個 |
| 1.5cm幅の面ファスナー | 1〜3号8cm、4〜6号12cm、7〜9号18cm、10〜13号25cm |

**型紙**

| | |
|---|---|
| 種類 | B型 |
| 実物大型紙 | |
| **B**面 | 背側(A、B)、胸側、スカート(上、下) |

＊リボン、背ひも、胸ひもは裁ち方図を参照し、直に線を引いて裁つ

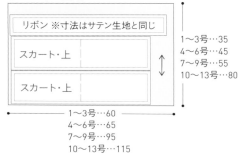

背側A 背側 胸側
背側A わ
背側B わ
スカート・上 わ
スカート・下 わ

〔裁ち方図〕(単位はcm)
・ぬい代をつける(――の線)。指定以外は1cm

**サテン生地**

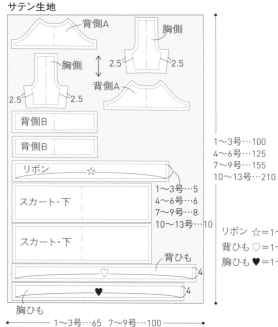

背側A 胸側
胸側
2.5 2.5
背側A
2.5 2.5
背側B
背側B
リボン ☆
スカート・下
背ひも ♡
スカート・下
胸ひも ♥

1〜3号…100
4〜6号…125
7〜9号…155
10〜13号…210

1〜3号…5
4〜6号…6
7〜9号…8
10〜13号…10

1〜3号…65　7〜9号…100
4〜6号…75　10〜13号…115

**オーガンジー生地**

リボン ※寸法はサテン生地と同じ
スカート・上
スカート・上

1〜3号…35
4〜6号…45
7〜9号…55
10〜13号…80

1〜3号…60
4〜6号…65
7〜9号…95
10〜13号…115

リボン ☆＝1〜3号…55／4〜6号…60／7〜9号…90／10〜13号…110
背ひも ♡＝1〜3号…59／4〜6号…73／7〜9号…87／10〜13号…111
胸ひも ♥＝1〜3号…55／4〜6号…68／7〜9号…81／10〜13号…105

〔作り方〕

# 1 スカートを作る

0.5　0.5
スカート・上
(裏)
0.5　0.5
0.2　0.2

❶ 左右のぬい代を三つ折りにしてぬう

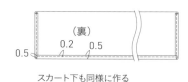

(裏)
0.2　0.5
0.5
スカート下も同様に作る

❷ すそのぬい代を三つ折りにしてぬう

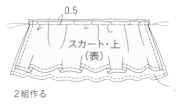

0.5
スカート・上
(表)
スカート・下
(表)
2組作る

❸ スカートの上・下を重ねて粗い針目のミシンをかけ、ギャザーを寄せる。p.48参照

## **2** 背側Bにスカートをつける

**①** スカートを1組はさんで背側
B を中表に合わせてぬう

両端はスカートをぬい
込まないように注意

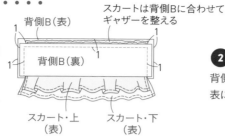

スカートは背側Bに合わせて
ギャザーを整える
背側B（表）
背側B（裏）
1
1
1
1
スカート・上
（表）
スカート・下
（表）

**②** 背側を
表に返す

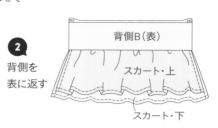

背側B（表）
スカート・上
スカート・下

## **3** **2**に背側Aとスカートをつける

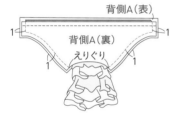

スカートは背側Bに
合わせてギャザーを
整える
背側B（表）
スカート・上
スカート・
下
スカート・上　スカート・下

**①** もう1組のスカートを **2** に重ねる

背側A（表）
1
背側A（裏）
えりぐり
1
1

**③** スカートをぬい込まないように
けながらえりぐり以外をぬう

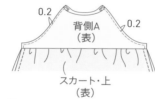

1
背側A（表）　背側B（表）
背側A（裏）
スカート・上
スカート・下

**②** **①**をはさんで背側Aを中表
に合わせてぬう

0.2
背側A
（表）
0.2
スカート・上
（表）

**④** えりぐりから表に返してぬう

## **4** 胸側を作る

p.49 のノースリーブワンピース
の **3** と同様に作る

## **5** ひもをつける

p.49 のノースリーブワンピース
の **4** と同様に作る

## **6** 面ファスナーをつける

p.49 のノースリーブワンピース
の **5** と同様に作る

## **7** リボンを作ってつける

0.5　　　　　　0.5
0.5　0.2　リボン（裏）　0.2　0.5
0.5

**①** 左右のぬい代を三つ折り
にしてぬう

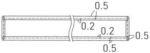

0.5
0.2
0.2
0.5
0.5

**②** 上下のぬい代を三つ折りにしてぬう
サテン生地、オーガンジー生地とも同様に作る

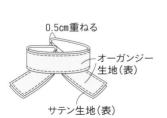

0.5cm重ねる
オーガンジー
生地（表）
サテン生地（表）

**③** オーガンジー生地が上に
なるように重ねてたたむ

**④** 中央をぬい縮めて
裏側で玉止めする

中央を合わせる
パール（大）

**⑤** パール（大）をつけながら背
側Aにぬいつける

## **8** 背側えりぐりに
パール（小）を
ぬいつける

パール（小）

# Q バースデーバンダナ&帽子 》29ページ

## 材料

フェルト(ピンク、黄色)————————————裁ち方図参照
コットン生地(水玉柄)————————————裁ち方図参照
フリルレース(幅2.5cmのピンク)
　1～5号30cm、6～7号40cm、8～10号45cm、11～13号50cm
レース(幅1.5cmのブルー)
　1～3号15cm、4～7号20cm、8～9号25cm、10～13号30cm
アルファベットワッペン————————————写真参照[おともだちの広場]
パイルワッペン————————————————写真参照[おともだちの広場]
ポンポン(直径2.5cmの黄色)———————1個
ゴム(直径0.3cmのピンク)
　1～3号20cm、4～7号30cm、8～9号35cm、10～13号40cm

## 型紙

実物大型紙　————————————
B面　——————————————————バンダナ、帽子
ひも(コットン生地)、リボン(フェルト・黄色)は裁ち方図(p.65)を
参照し、直線を引いて裁つ

```
バンダナ
(バースデー)
          わ
帽子
        わ
```

[裁ち方図](単位はcm)
・ぬい代を0.5cmつける（——の線）

フェルト(ピンク) バンダナ
わ　わ　帽子

1～3号…10
4～5号…15
6～10号…20
11～13号…25

1～3号…35
4～5号…40
6～7号…50
8～9号…60
10～13号…70

[バンダナの作り方]

## 1 バンダナを作る

バンダナにレースを
重ねてぬう

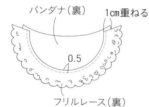

バンダナ(裏)　1cm重ねる
0.5
フリルレース(裏)

## 2 ひもをつける

p.71 クールバンダナの 3 と同様に作る

## 3 リボンを作ってつける

p.65 パーティーバンダナの 3 と同様に作る

## 4 アルファベットワッペンを貼る

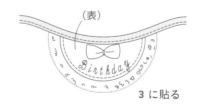

(表)
Birthday
3 に貼る

アルファベットワッペンのサイズ
大文字(小)　　　小文字(小)
約2.2cm　　約1.2cm
約1.7cm　　約1cm
※大きさは参照

[帽子の作り方]

## 1 帽子を作る

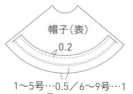

帽子(表)
0.2
1～5号…0.5／6～9号…1
10～13号…1.5

❶ レースをぬいつける

❷ 中表に折って
　ぬう
　0.5
　(裏)

(表)

ワッペンのサイズ
3　約3.8cm
約3.2cm　※大きさは参照

❸ パイルワッペンをぬいつける

❹ トップにポンポンを
　ぬいつける

## 2 ゴムをつける

長さを測る　　→　　ゴムを裏側に
　　　　　　　　　ぬいつける
　　　　　　　　　1

# R とんがりキャップ  》30ページ

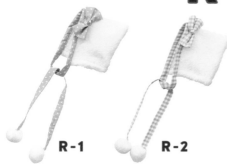

**R-1**　**R-2**

### 材料

ボアフリース生地（白）————————— 裁ち方図参照［新宿オカダヤ］
コットン生地（**R-1**ドット柄ピンク、**2**ギンガムチェック柄ブルー）裁ち方図参照［新宿オカダヤ］
綿——————————————————— 少々
直径0.8cmのビーズ（**R-1**ピンク、**2**パープル）− 1個

### 型紙

実物大型紙 - - - -
**A**面 ————————— キャップ、ポンポン
ひも、リボンは裁ち方図を参照し、直に線を引いて裁つ

［裁ち方図］（単位はcm）
・指定の位置（——の線）にぬい代を1cmつける

**ボアフリース生地**

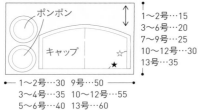

1〜2号…15
3〜6号…20
7〜9号…25
10〜12号…30
13号…35

1〜2号…30　9号…50
3〜4号…35　10〜12号…55
5〜6号…40　13号…60
7〜8号…45

**コットン生地**

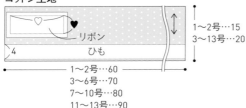

1〜2号…15
3〜13号…20

1〜2号…60
3〜6号…70
7〜10号…80
11〜13号…90

リボン♡＝1〜2号…12／3〜4号…14／5〜6号…16／7〜8号…18／
9〜10号…20／11〜12号…22／13号…24
♥＝1〜2号…4／3〜4号…5／5〜6号…6／7〜8号…7／
9〜10号…8／11〜12号…9／13号…10

［作り方］

## 1 キャップを作る

★キャップ（裏）1

（裏）0.2　☆1

❶ 中表に折ってぬい、ジグザグミシンをかける

❷ 首回り（☆）にジグザグミシンをかけ、ぬい代を折ってぬう

## 2 ひもをつける

★　中央を合わせる　1

（表）　ひも（裏）

❶ 顔まわり（★）にひもを合わせてぬう

（裏）　❶のぬい目にひもを合わせる

❷ ひもを四つ折りにする

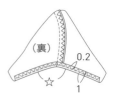

（裏）0.2

❸ ひもをぬう

## 3 リボンを作ってつける

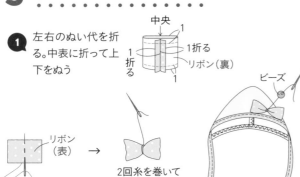

中央　1
1折る
1折る　リボン（裏）
1

❶ 左右のぬい代を折る。中表に折って上下をぬう

リボン（表）→ 2回糸を巻いて玉止めする

❷ 表に返して中央を粗くぬい、絞る

ビーズ

❸ ビーズを針に通し、リボンとビーズをキャップにぬいつける

## 4 ポンポンを作って両端につける

p.59のミニマフラーの 2、3 と同様に作る

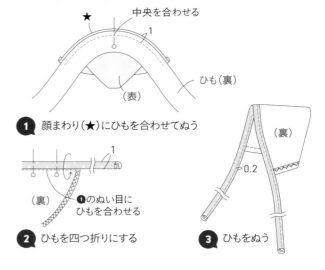

# S どうぶつケープ »31ページ

**S-1**

**S-2**

**［材料］**

ボアフリース生地（**S-1**こげ茶、**2**ピンク）—— 裁ち方図参照［新宿オカダヤ］
コットン生地（**S-1**ブルー花柄、**2**ピンク花柄）- 裁ち方図参照［ホビーラホビーレ］
フェルト（白）———————————— 裁ち方図参照

**［型紙］**

実物大型紙 ----
**B**面 ——————————— ケープ、フード、
　　　　　　　　　　　　　　　耳（**1**くま、**2**うさぎ）
ひもは裁ち方図を参照し、直に線を引いて裁つ

ケープ / フード / 耳（うさぎ） / 耳（くま） / わ

## ［裁ち方図］（単位は㎝）

・ぬい代を1㎝つける（── の線）

**ボアフリース生地（表布）、コットン生地（裏布）共通**

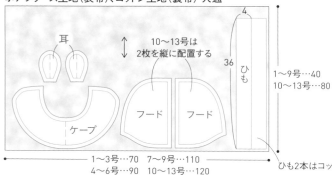

耳 / ケープ / フード / フード / ひも

10～13号は
2枚を縦に配置する

1～9号…40
10～13号…80

36
4

1～3号…70　7～9号…110
4～6号…90　10～13号…120

ひも2本はコットン生地のみ

**フェルト　耳**

1～7号…10
8～13号…15

1～7号…20
8～13号…25

## ［作り方］

# 1 ひもを作る

ひも（裏）

1

❶ 片端のぬい代を折る

（表）

❷ 折る

0.2
0.2
2本同様に作る

❸ さらに折ってぬう

# 2 フードを作る

フード
（表布・裏）
1

フード（表布・表）
裏布も同様に作る

❶ 中表に合わせてぬい、
　ぬい代を割る

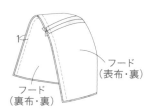

1
フード
（裏布・裏）

フード
（表布・裏）

フード
（裏布・裏）

❷ 表布と裏布を中表に
　合わせてぬう

（表）
0.2

❸ 表に返して顔回りをぬう

# 3 ケープにフードとひもを合わせてぬう

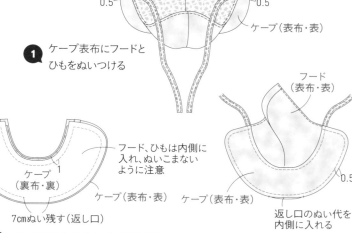

フード（裏布・表）

1　0.5　1
1　　　　1
0.5　　0.5

ケープ（表布・表）

❶ ケープ表布にフードと
　ひもをぬいつける

1
ケープ
（裏布・裏）

フード、ひもは内側に
入れ、ぬいこまない
ように注意

ケープ（表布・表）

7㎝ぬい残す（返し口）

❷ ❶にケープ裏布を合わせて返し口を
　残してぬう

フード
（表布・表）

ケープ（表布・表）

0.5

返し口のぬい代を
内側に入れる

❸ 返し口から表に返してぬう

## 4 耳を作ってフードにつける

**①** 表布と裏布を
中表に合わせてぬう

耳（裏布・裏）
1
耳（表布・表）

**②** 表に返し、フェルトを入れ、ぬい代は内側に折り込む

（表）
フェルト

**③** フードにぬいつける

ぬい代は中に入れ込む

---

# V クールバンダナ »34ページ

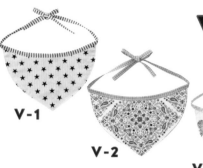

V-1
V-2
V-3

**材料**

コットン生地（表布 **V-1**スター柄、**2**バンダナ柄、**3**パイナップル柄）裁ち方図参照［新宿オカダヤ］
コットン生地（裏布 **V-1**ストライプ柄、**2**チェック柄、**3**ドット柄）── 裁ち方図参照［新宿オカダヤ］

**型紙**

実物大型紙 ─ ─ ─ ─
**B**面 ──────── バンダナ（バンダナ★、☆）
＊ひもは裁ち方図を参照し、直に線を引いて裁つ

バンダナ　バンダナ☆　バンダナ★

〔裁ち方図〕（単位はcm）

・ぬい代の形は図参照
・指定の位置（──の線）にぬい代をつける。指定以外は1cm

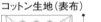

コットン生地（表布）

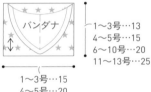

バンダナ

1～3号…13
4～5号…15
6～10号…20
11～13号…25

1～3号…15
4～5号…20
6～7号…25
8～10号…30
11～13号…35

コットン生地（裏布）

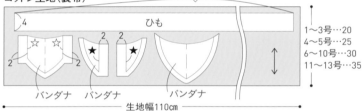

4　ひも
バンダナ　バンダナ　バンダナ

1～3号…20
4～5号…25
6～10号…30
11～13号…35

生地幅110cm

ひも ♡＝1～3号…65／4～5号…75／6～7号…85／8～10号…100／11～13号…110

〔作り方〕

## 1 裏パーツを作る

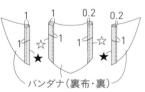

1　1　0.2　0.2
1　☆　☆　1
バンダナ（裏布・裏）　★　★

**①** 保冷剤入れ口を三つ折りにしてぬう

バンダナ（裏布・表）
（表）
（表）
2
（表）
2cm重ねる

**②** 裏布と①を合わせる

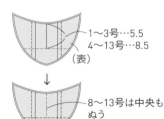

1～3号…5.5
4～13号…8.5
（表）
↓
8～13号は中央もぬう

**③** ②をぬう

## 2 本体を作る

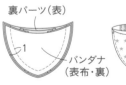

裏パーツ（表）
1
バンダナ（表布・裏）
（表布・表）
0.2

**①** 中表に合わせてぬう

**②** 表に返してぬう

## 3 ひもをつける

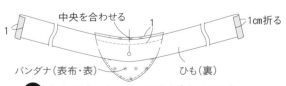

1
中央を合わせる
1
1cm折る
バンダナ（表布・表）　ひも（裏）

**①** 左右を折り、えりぐりにひもを合わせてぬう

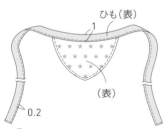

ひも（表）
1
（表）
0.2

**②** ひもを四つ折りにしてぬう

**保冷剤サイズ**

1～3号…約4.5×7を1個
4～7号…約6×7を1個

8～13号…約6×7を2個

# T マナーパンツ » 32ページ

### 材料

| | |
|---|---|
| 薄手デニム生地(紺) | 裁ち方図参照[新宿オカダヤ] |
| コットン生地(水玉柄ピンク) | 裁ち方図参照[新宿オカダヤ] |
| ワッペン | |
| 2.5cm幅の面ファスナー | 図参照 |
| 0.5cm幅のソフトゴム | 図参照 |

### 型紙

実物大型紙 ----

A面 ──── マナーパンツA、
マナーパンツB、
マナーパンツC、
マナーパンツ(スカート)
ポケット

〔裁ち方図〕(単位はcm)

・ぬい代をつける(──の線)。指定以外は1cm

デニム生地(表布)、コットン生地(裏布)共通

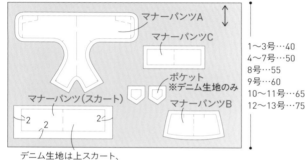

デニム生地は上スカート、
コットン生地は下スカート

| 1~3号…40 |
| 4~7号…50 |
| 8号…55 |
| 9号…60 |
| 10~11号…65 |
| 12~13号…75 |

| 1号…55 | 8号…85 |
| 2~3号…60 | 9号…95 |
| 4~5号…65 | 10~11号…105 |
| 6~7号…75 | 12~13号…110 |

〈参考ウエストサイズ〉
1号…22~28
2~3号…27~34
4~5号…33~40
6~7号…38~45
8号…43~50
9号…48~56
10~11号…53~61
12号…58~66
13号…63~69

〔作り方〕

## 1 マナーパンツAの表布にステッチをかける

型紙の線を写して
チャコペンで印をつけて
ステッチをかける

## 2 ポケットを作ってつける

**1** ポケットを作る
p.74 マナーベルトの 2 **1**・**2** と同様に作る

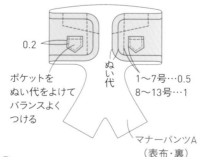

0.2

ポケットを
ぬい代をよけて
バランスよく
つける

ぬい代

1~7号…0.5
8~13号…1

マナーパンツA
(表布・裏)

**2** **1**をぬいつける

## 3 面ファスナーをつける

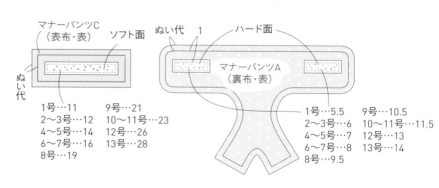

| 1号…11 | 9号…21 |
| 2~3号…12 | 10~11号…23 |
| 4~5号…14 | 12号…26 |
| 6~7号…16 | 13号…28 |
| 8号…19 | |

| 1号…5.5 | 9号…10.5 |
| 2~3号…6 | 10~11号…11.5 |
| 4~5号…7 | 12号…13 |
| 6~7号…8 | 13号…14 |
| 8号…9.5 | |

**1** 表布の中央にぬいつける　　**2** 裏布の左右にぬいつける

# **4** マナーパンツ**A**を作る

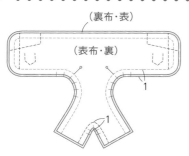

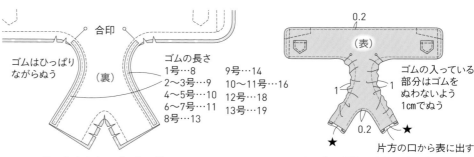

（裏布・表）
（表布・裏）
1

合印
ゴムはひっぱり
ながらぬう
（裏）
ゴムの長さ
1号…8
2〜3号…9
4〜5号…10
6〜7号…11
8号…13

9号…14
10〜11号…16
12号…18
13号…19

0.2
（表）
ゴムの入っている
部分はゴムを
ぬわないよう
1cmでぬう
1
0.2
★
★
片方の口から表に出す

**❶** 表布と裏布を中表に合わせて
ぬい、カーブのぬい代に切り込
みを入れる

**❷** 左右のカーブのぬい代に
ゴムをぬいつける

**❸** 表に返してまわりをぬう。
★は6 ❶のはさみ位置

# **5** スカートを作ってつける

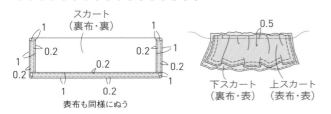

スカート
（裏布・裏）
1        0.2        0.2        1
0.2        0.2
1        0.2
0.2        0.2        1
0.2        1
1        0.2        1
表布も同様にぬう

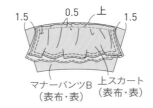

0.5
下スカート
（裏布・表）
上スカート
（表布・表）

1.5        0.5        上        1.5
マナーパンツB
（表布・表）
上スカート
（表布・表）

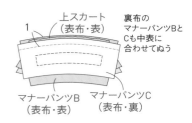

上スカート
（表布・表）
1
裏布の
マナーパンツBと
Cも中表に
合わせてぬう
マナーパンツB
（表布・表）
マナーパンツC
（表布・裏）

**❶** 両端、すそを三つ折りに
して2本ぬう

**❷** スカートの上・下を重ねて粗い
針目のミシンをかけ、ギャザー
を寄せる。p.48参照

**❸** スカートをマナーパンツB
の表布にぬいつける

**❹** ❸にマナーパンツCの表布を
中表に合わせてぬう

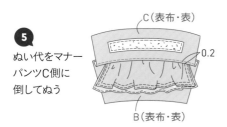

**❺**
C（表布・表）
0.2
B（表布・表）

ぬい代をマナー
パンツC側に
倒してぬう

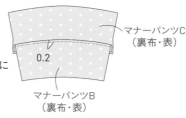

**❻**
マナーパンツC
（裏布・表）
0.2
マナーパンツB
（裏布・表）

裏布のぬい代は
マナーパンツB側に
倒してぬう

# **6** マナーパンツ**A**と合わせる

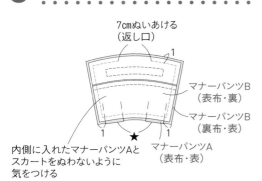

7cmぬいあける
（返し口）
1        1
マナーパンツB
（表布・裏）
マナーパンツB
（裏布・表）
★
マナーパンツA
（表布・表）
内側に入れたマナーパンツAと
スカートをぬわないように
気をつける

**❶** マナーパンツBを中表に合わせ、マナー
パンツAをはさんで中表に合せてぬう

返し口のぬい代を
内側に入れる
0.2
スカートを
よける

**❷** 返し口から表に返してまわりをぬう

# **7** ワッペンを貼る

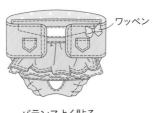

ワッペン

バランスよく貼る

# U マナーベルト » **33**ページ

### 材料

薄地デニム生地(紺)──────────── 裁ち方図参照[新宿オカダヤ]
コットン生地(ギンガムチェック柄ブルー)── 裁ち方図参照[新宿オカダヤ]
ワッペン
幅2.5cmの面ファスナー──────────── 図参照

### 型紙

実物大型紙
**A**面────────────────── マナーベルト、
　　　　　　　　　　　　　　　　　　　　　ポケット

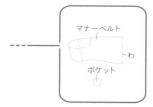

［裁ち方図］(単位はcm)

・ぬい代を1cmつける ( ── の線)

**デニム生地(表布)、コットン生地(裏布)共通**

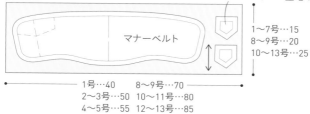

ポケット ※デニム生地のみ

1〜7号…15
8〜9号…20
10〜13号…25

1号…40　　8〜9号…70
2〜3号…50　　10〜11号…80
4〜5号…55　　12〜13号…85
6〜7号…60

［作り方］

## 1 マナーベルトの表布にステッチをかける

マナーベルト
(表布・表)

型紙の線を写して
チャコペンで印をつけて
ステッチをかける

## 2 ポケットを作ってつける

ポケット(裏)

2枚同様に作る

**1** ぬい代を折る

0.5
0.2　　0.5

**2** 入れ口を三つ折りにしてぬう

ぬい代

ぬい代をよけ、
バランスよく
ポケットをつける

(表)　0.2

1〜7号…0.5
8〜13号…1

**3** **1**にぬいつける

## 3 面ファスナーをつける

表布、裏布それぞれにぬいつける

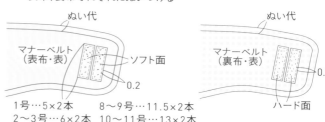

ぬい代
マナーベルト
(表布・表)　ソフト面
0.2

ぬい代
マナーベルト
(裏布・表)　0.2
ハード面

1号…5×2本　　8〜9号…11.5×2本
2〜3号…6×2本　　10〜11号…13×2本
4〜5号…7×2本　　12〜13号…15.5×2本
6〜7号…8×2本

## 4 本体を作る

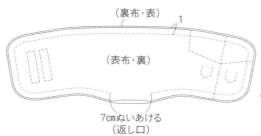

(裏布・表)　1

(表布・裏)

7cmぬいあける
(返し口)

**1** 表布と裏布を中表に合わせてまわりをぬう

0.2
(表布・表)

返し口のぬい代を
内側に入れる

**2** 返し口から表に返してまわりをぬう

## 5 ワッペンを貼る

バランスよく貼る

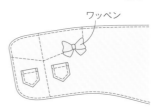

ワッペン

〈参考ウエストサイズ〉
1号…21〜29cm　　8〜9号…45〜53cm
2〜3号…27〜35cm　　10〜11号…53〜61cm
4〜5号…33〜41cm　　12〜13号…61〜69cm
6〜7号…39〜47cm

# Y シートポーチ

» 37ページ

**Y-1**

**Y-2**

### 材料

| | |
|---|---|
| ラミネート加工生地(花柄)———————— | 裁ち方図参照 |
| ミニナスカンドロップ型(幅1cmのDカンとナスカンのセット・ゴールド) | |
| ——————————— | 1組[清原㈱] |
| ファスナー長さ20cm ——————— | 1本 |
| ウェットシート用フタパーツ ——————— | 1個 |

## ［裁ち方図］（単位はcm）

本体、Dカンループ、持ち手は裁ち方図を参照し、直に線を引いて裁つ

・指定の位置（——の線）にぬい代を1cmつける

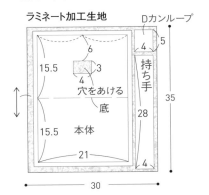

ラミネート加工生地

## ［作り方］

## 1 ファスナーをつける

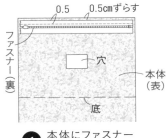

❶ 本体にファスナーを合わせてぬう

❷ 反対側にもファスナーをぬいつける

❸ 表からぬう

## 2 本体を作る

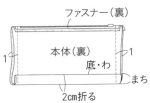

❶ ファスナーをあけ、中表に合わせて底を折ってぬう

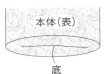

❷ ファスナーから表に返す。内側にまちができる

## 3 Dカンループと持ち手を作ってつける

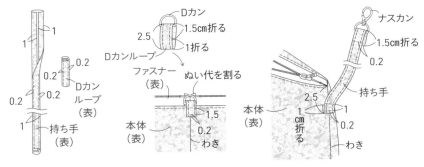

❶ 4cmを四つ折りにしてぬう

❷ Dカンループを本体わきにぬいつける

❸ 持ち手にナスカンを通してぬう。もう一方の端を反対側の本体わきにつける

## 4 フタパーツをつける

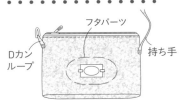 

❶ 裏パーツを裏側から穴につける

❷ 表パーツを❶に表側からはめる

75

# W ハーネス ≫35ページ

**W-1**　　　**W-2**

≫35ページ

### 材料

コットン生地(タータンチェック柄)——————— 裁ち方図参照
綿スムース生地(黒)——————————— 裁ち方図参照
テープ(黒)——————————— 作り方図参照　幅は＊金具の寸法に順ずる
バックル(黒)——————————————— 1個＊
Dカン(シルバー)———————————— 2個＊
移動カン(黒)————————————— 2個＊
角カン——————————————— 2個＊
＊犬用金具の幅…1〜3号1cm用、4〜6号1.5cm用、7〜9号2cm用、10〜13号2.5cm用
面ファスナー———————————————
　　　1〜3号1.5cm幅を12cm、4〜6号2cm幅を18cm、7〜9号2.5cm幅を24cm、10〜13号3cm幅を32cm

### 型紙

種類——————————————————— A型
実物大型紙
A面——————————————————— 背側(上)、胸側、
　　　　　　　　　　　　　　　　　　　　　　ハーネスすそ

パイピング布は裁ち方図を参照し、直に線を引いて裁つ

## ［裁ち方図］(単位はcm)

・ぬい代を1cmつける (――の線)

**コットン生地**

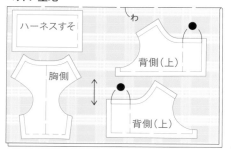

1〜3号…60
4〜6号…85
7〜9号…115
10〜13号…150

──1〜3号…45　7〜9号…75
　4〜6号…60　10〜13号…100

●＝1〜3号…4/4〜6号…5.5/7〜9号…7/10〜13号…9

**綿スムース生地**

7〜13号は2本

パイピング布　　4

1〜6号…5
7〜13号…10

生地幅90

## ［作り方］

## 1 ハーネスすそを作る

ハーネスすそ(裏)　1
わ

❶ 中表に折ってぬう

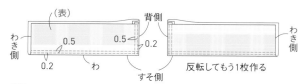

(表)　背側
わき側　0.5　0.5　0.2　わき側
0.2　わ
すそ側　反転してもう1枚作る

❷ 表に返して背側とすそ側を2本ぬう

## 2 身ごろの肩をぬう

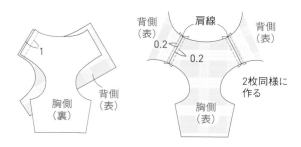

背側　肩線　背側
(表)　0.2　(表)
　0.2
胸側　　2枚同様に
(裏)　　作る
　　　胸側
1　　(表)

❶ 中表に合わせて
　肩をぬう

❷ 反対側も肩をぬい、ぬい代を
　割って2本ぬう

## 3 背側にすそをつけ、胸側とぬう

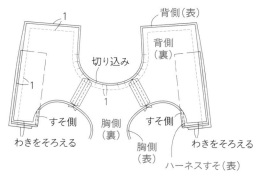

1　背側(表)
背側(裏)
切り込み
1　　1
1
すそ側　胸側　すそ側
胸側(裏)
わきをそろえる　胸側(表)　わきをそろえる
ハーネスすそ(表)

❶ すそを間にはさんで 2 を中表に合わせてぬい、
　カーブのぬい代に切り込みを入れる

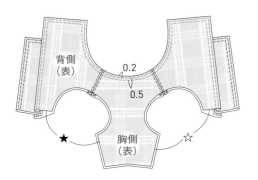

② 表に返して2本ぬう

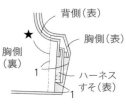

背側（表）
胸側（表）
★
胸側（裏）
1
ハーネス
すそ（表）
1

※反対側の☆も
同様にぬう

③ 胸側のすそから中表に合わせて
★と☆のわきをぬう

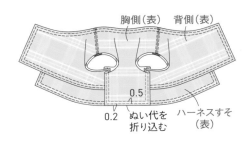

胸側（表）　背側（表）　背側（表）
0.5
0.2　ぬい代を
折り込む　ハーネスすそ
（表）

④ すそのぬい代を内側に折り、
わきのぬい代を胸側に倒してぬう

# 4 そでぐりを<br>パイピングする

p.43 参照

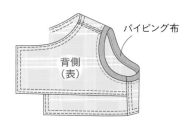

# 5 テープをつける

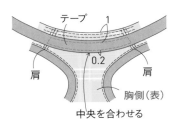

テープ　1
肩　肩
胸側（表）
0.2
中央を合わせる

① 胸側えりぐりにテープを
ぬいつける

〈テープの長さ〉

| | | |
|---|---|---|
| 1号…56 | 6号…89 | 10号…121 |
| 2号…62 | 7号…98 | 11号…128 |
| 3号…67 | 8号…106 | 12号…138 |
| 4号…76 | 9号…113 | 13号…147 |
| 5号…82 | | |

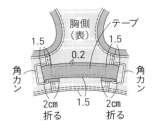

胸側（表）　テープ
1.5　1.5
0.2
角カン　角カン
2cm　1.5　2cm
折る　　折る

② 胸側すそに角カンを2個通した
テープをぬいつける

〈テープの長さ〉

| | | |
|---|---|---|
| 1号…13 | 6号…19 | 10号…26 |
| 2号…14 | 7号…21 | 11号…28 |
| 3号…15 | 8号…23 | 12号…29 |
| 4号…16 | 9号…25 | 13号…31 |
| 5号…17 | | |

# 6 面ファスナーをつける

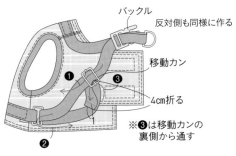

Dカン　Dカン
バックル　バックル
同じ穴に2回通す
テープ
背側（表）

③ ①のテープの両端にバックルと
Dカンを通す

バックル
反対側も同様に作る
移動カン
4cm折る
① ③
② 1
※③は移動カンの
裏側から通す

④ 移動カンを通して端をぬう

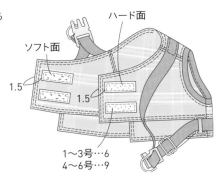

ハード面
ソフト面
1.5
1.5

1～3号…6
4～6号…9

5 にバランスよくぬいつける

77

# Z カートアイテム バッグ　》38ページ

※ ボトルケースは p.61

**Z-1**　**Z-2**

## 材料

| | |
|---|---|
| コットン生地（柄 Z-1プイスト、2カクタス） | 裁ち方図参照［Kippis®（ツクリエ）］ |
| コットン生地（無地 Z-1カーキ、2青） | 裁ち図参照 |
| 2cmDカン（アンティークゴールド） | 2個［清原㈱］ |
| 2.5cmナスカン（アンティークゴールド）） | 2個［清原㈱］ |
| 2.5cm移動カン（アンティークゴールド） | 1個［清原㈱］ |

## ［裁ち方図］（単位はcm）

＊本体、Dカンループ、持ち手は裁ち方図を参照し、直に線を引いて裁つ
・ぬい代をつける（ — の線）。指定以外は1cm

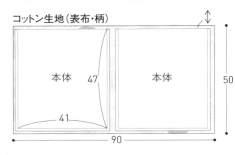

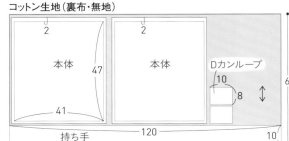

## ［作り方］

### 1 Dカンループを作る

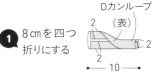

❶ 8cmを四つ折りにする

❷ 端をぬう

❸ Dカンを通して仮止めする
2本同様に作る

### 2 持ち手を作る

❶ 四つ折りにする

❷ 端をぬう

❸ 移動カンを通して折り、端をぬう

❹ ナスカンと移動カンを通し、端をぬう

### 3 本体を作る　※柄の上下に気をつけてぬう

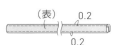

❶ 表布を中表に合わせてDカンループをはさんでぬう

❷ 裏布を中表に合わせてぬう

❸ ぬい代を割って左右のまちをぬう
裏布も同様にぬう

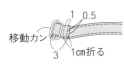

### 4 表布と裏布を合わせる

❶ 外表に合わせる

❷ 裏布の入れ口を三つ折りしてぬう

❸ 持ち手のナスカンをDカンにかける

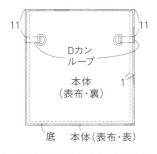

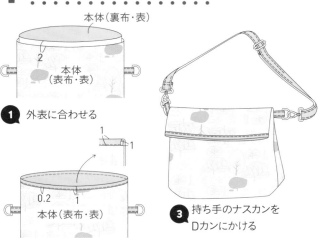